文化產業
的行銷與管理

李錫東◎著

15413165456
485465654112
3029, 842,

王 序

文化企業是指以營利為目的，從事文化產品創造、生產和銷售的企業組織。一般人對文化企業的認知有狹義與廣義兩個概念，狹義的概念認為文化企業是生產、製造文化產品，並且對其進行銷售的專業性機構；廣義的概念則認為文化企業應含蓋整個文化產業，如廣播、電視、電影、新聞及出版業。然而不論是從狹義或廣義概念看文化企業，文化它肯定可以作為生意而且是門好生意。目前文化創意產業是全球發展趨勢的推動力，政府如能與民間團體密切配合，將文化產業由文化創意衍生而出，系統性地發展出獨有的文化風格，進而變成可行銷的轉換趨勢，將會是目前文化行銷的當紅課題。

中華文化歷史悠久、廣大包容，可謂得天獨厚，政府應積極倡導推動整體中華文化產業，以免暴殄天物。文化產業行銷是今後一定會走的路線，建立自我品牌、銷售具獨特商品力的中華文化商品，是不得不為的一種自我行銷。要怎麼能讓文化成為一種可以經營的好生意，以吸引更多的消費者購買？如何將傳統文化賦以新的包裝、如何藉著增進人文氣息以提高藝術投資的意願、如何擴展文化產業的範圍替國家增進一點藝術收入，是未來文化產業必要努力的方向。

本書作者李錫東先生在經營實務及社團活動面表現的非常傑出。他是一位成功的出版業者，經營圖書出版及通路事業相當有成，業績傲人。在社團的成就更是有目共睹，除甫當選台北市出版商業同業公會理事長，之前也曾擔任過中華民國圖書出版協進會的副理事長及中華圖書出版基金會常務理事，其他社團的頭銜也一個兒沒少。錫東樂於從事兩岸經貿活動，常見他帶團在兩岸進進出出，一會

兒北京一會兒廈門，在北京他帶台商，回到台北他陪同的又是陸客，兩岸在他的穿針引線下，不僅建立了感情更活絡了商情。我想這就是為什麼他會寫這本書的理由！

　　本書可以說是錫東幾十年工作經驗的縮影，從如何定義文化產業、到文化產業如何分類、如何分析市場、消費者的消費行為為何、文化商品如何包裝、定價、建立通路以及促銷手段等等，在書中各章節都有鉅細靡遺的敘述。本書文字淺顯易讀、編寫邏輯清晰，讀者可依個人興趣挑某些章節輕讀，也可一氣呵成花個一、兩週將它徹底讀通，相信讀者閱畢後對文化商品的經營能力將大幅提升。

　　若干年前看著錫東身穿粗布衣，背揹書袋，東、南、西、北四處奔波，如今西裝領帶、坐擁華城、手握金筆、竹簡成冊，他的成就與表現努力令人肯定與欽佩。今逢錫東新書出版，邀余為序，余心喜為之！

王祿旺

2008年9月 於世新大學圖文傳播暨數位出版學系

魏 序

....

「最先和最後的勝利是征服自己；只有認識自我、正確的規劃自我、嚴格的管理自我，才能站在歷史洪流中開創嶄新的人生。」 ——柏拉圖

在全球化與科技化兩股力量的推進下，全球新經濟型態已轉變為以創新為主之知識經濟型態，「全球思考、在地行動」更成為二十一世紀之主流思維，文化創意產業思潮已成為社會經濟體制發展的主流趨勢，期待藉由結合藝術創作和商業機制，增強社會大眾的文化認同與更新產業經濟的發展價值。

台灣文化創意產業的發展政策，即是以產業的概念形態，重新定義文化產業的價值，開拓創意領域結合人文與經濟，以發展兼顧文化積累與經濟效益的產業，強調在地的文化特色，結合豐富的創造力，運用創意的概念來思考優質化的生活。台灣文化創意產業參酌了各國的文化創意產業及台灣的產業特性，其內涵乃是將創意或文化積累，透過智慧財產的形成運用，創造具有財富與就業機會潛力，並促進整體生活環境的提升。

政府在界定文化創意產業範疇，除了考量符合文化創意產業的定義與精神外，加上了產業發展面上的考量依據，以就業人數(或參與人數)，產值或關聯效益，成長潛力，原創性或創新性與附加價值等原則加以規範。因此，產業範疇包括「視覺藝術產業」、「音樂及表演藝術產業」、「工藝產業」、「文化展演設施產業」、「設計產業」、「出版產業」、「電視與廣播產業」、「電影產業」、「廣告產業」、「數位休閒娛樂產業」、「設計品牌時尚產業」、「建築

設計產業」和「創意生活產業」等產業類別，並選擇都市核心地區建立文化創意聚落，讓文化創意工作者形成創意網絡，建立區域性整合聯盟，提供訊息交換與產品流通平台，開創現代化行銷方式。

發展文化創意產業的目標，期望提升社會大眾的生活品質，透過文化、藝術和產業的結合，讓生活與環境中充滿「真、善、美」的文化內涵，透過文化創意商品媒介，讓傳統文化價值的底蘊呈現具有現代化、趣味化、生活化與互動化的形貌，經由生活與環境美學的再造與實踐，使得社會大眾能親身體驗文化意涵的價值。近來藉由社區再造策略，成功的激發在地居民的創意與想像力，將藝術活動落實在生活中，進而提昇在地文化發展的更新活力。然而，文化創意產業發展藉由傳統文化特色元素的導入，創造在地文化商品內容豐富度與文化特質，建立具有自身文化意涵的商品特色，並透過行銷方法來推展，讓在地文化精神得以再現與散播。

文化創意產業之推動，主要是以「創意」為核心之研發、設計與行銷領域，將無形、文化為本質的內容，經過創造、生產與商品化結合的過程，除對文化內容進行創新加值，並為個人與社會創造新的群體價值。文化創意產業發展兼顧了文化保存與產業發展，並藉由文化產業化之過程，透過參與體驗各式各樣的文化消費活動，促使社會大眾對傳統文化價值的再省思與注入新活力，共同分享和創造文化的內涵，豐富文化價值的時代意義。文化創意產業之發展，經由策劃與開發具有傳統性的文化資源與產業，形成生態性的創新整合，建立永續經營發展模式，藉此促進社會更新發展與社會文明的提升。

李錫東先生是一位資深出版人，擔任台北市出版商業同業公會理事長任內，

運思擘劃產業未來發展，期為出版文化界盡一份心力，令人敬佩！文化創意產業之發展需要一套縝密規劃的系統化知識體系與運作模式，而出版產業向來就是文化事業的主要核心產業之一，錫東兄的大作正好為文化創意產業在策劃、行銷與管理等面向上，提供了兼具理論與實務的教戰守策，極富參考價值。錫東兄囑咐我為本書寫序，實在愧不敢當，台灣正大力推動文化創意產業發展，需要更多的專家論著，為產業發展點一盞明燈，我想錫東兄的努力，是拋磚引玉，大家都看見了，我特別為他所付出的心力表示敬意。是為序。

魏裕昌

序於華岡中國文化大學資訊傳播學系

序 言

　　文化做為一個產業的概念是在二十世紀才被提出的，這與文化的市場化進程是一致的。文化走向市場是一種必然的歷史，也是一種進步。走向市場化後的文化，其本質上並不會發生太大的變化，只不過生產導向會發生變化，社會人文附加價值會有不同程度的增加。文化形成產業走入市場，就要像其他產業領域一樣，建立一種與市場、社會消費群體連結和自身調控的機制，所以文化產業行銷與管理就顯得更為重要。這也正是本書的立足點。

　　本書提出的「文化產業行銷與管理」是以現代行銷學理論為基礎性概念，目的是使讀者熟悉我們對該學科所分析的一般性框架，這一框架有利於專門從事文化行銷的人員，用來評估行銷活動的形勢，並且為他們提供獲得成功的方法。當然，本書也並非解決一切問題的靈丹妙藥，因為文化產品的行銷與管理面對的是難以預測的人性行為，行銷環境複雜多變而非千篇一律，管理也隨之發生變化。儘管如此，讀者仍然可以從中獲得一些有助於適應新環境、可供參考的養分和知識。

　　本書分基礎篇、戰略篇和應用篇三個部分：「基礎篇」主要講述文化產品、文化產業市場以及文化消費者的基本理論概念和認識，「戰略篇」主要講述文化產品行銷與管理的方式與策略，「應用篇」主要講述行銷管理在主要文化行業中的應用，如：圖書行業、影音行業、影視娛樂行業、會展行業。本書試圖為讀者提供一些不同論題的差異討論，這些差異往往為文化行銷管理者常遇到，相較一般經濟領域裡的行銷人員，這些行銷管理者正面臨著文化產品如

何普及到公眾的挑戰。

筆者從事出版文化產業二十餘年，本書稿累積多年之實務經驗陸續成章，原係個人之經驗筆記，只是一家之言難登殿堂，故而從未想過出版成書。然而筆者去年（2008年）十月起擔任台北市出版同業商業公會理事長，深感文化產業從業人員除了學院內艱澀專業的學術養成外，相當缺少實務操作方面的相關書籍，每個人都在摸索中一邊做一邊學，免不了侷限在一己的偏狹範圍，值此國際化與兩岸交流之際，在全面性的產業認知部分缺少了更廣更深的競爭力。加上許多友人的督促，促成了本書的出版。

希望本書所表述的知識和原理可以適應於任何文化消費環境。當然，每一種具體的文化產業市場和不同的管理實踐也要在任何行銷學分析中被充分考慮。本書正是為這種行銷環境提供有益的的分析工具，我們期望在日常的文化產業市場行銷工作中的讀者能從中獲得有所裨益的內容。

筆者希望藉由本書的出版，能夠讓社會大眾與政府相關部門正視文化產業的重要性，進而提升國內文化產業的國際競爭力。

最後，筆者要感謝世新大學圖文傳播暨數位出版學系王祿旺主任、中國文化大學資訊傳播學系魏裕昌主任長期來對筆者的關愛與教導，並為本書跨刀作序。

李錫東

謹識於紅螞蟻

目錄

推薦序 ………………………………………………………… 3

序言 ……………………………………………………………… 8

基礎篇

第一章 文化產業和市場行銷

第一節 文化企業概述 ……………………………………… 30

　一、文化企業的概念 ……………………………………… 30

　二、文化活動的職業分類 ………………………………… 32

　三、文化企業的特徵與作用 ……………………………… 33

　四、文化企業之間的差異 ………………………………… 34

　　1. 文化企業的分類標準（Classification criteria） ………… 34

　　2. 文化企業不同經營屬性之間的
　　　 象限（Quadrant）分析（圖） ……………………… 35

第二節 市場行銷淵源與發展 ……………………………… 36

一、市場行銷的定義 …………………………………… 36

二、市場行銷的形成與發展 …………………………… 37

三、現代行銷學的誕生 ………………………………… 37

四、文化產品的行銷 …………………………………… 39

　　1. 不同觀點的文化產品行銷思想 ………………… 39

　　2. 文化產品行銷的三種市場區隔（Market segments） … 40

第三節　文化產品的行銷模式與管理 ………………… 40

一、傳統行銷模式（The traditional marketing model）………… 41

二、文化產業市場的行銷模式 ………………………… 42

三、文化企業及其行銷管理（Marketing Management）……… 43

四、文化企業行銷模式要素 …………………………… 44

第二章　文化產品概述

第一節　文化產品的概念、範圍與品牌 ……………… 46

一、文化產品的概念 …………………………………… 46

　　1. 基於消費者的產品分類 ……………………… 47

　　2. 文化產品的三要素 …………………………… 47

　　3. 文化產品的三個標準 ………………………… 48

二、文化產品系列和範圍 ……………………………… 49

三、文化產品的品牌 ·· 50

第二節　文化產品的生命週期 ································ 50

※ 文化產品生命週期的四個階段 ························ 50

1. 導入階段（The introduction stage）的特徵與戰略 ····· 51

2. 成長階段（Growth stage）的市場特徵與公司戰略 ···· 53

3. 成熟階段（The stage of maturity） ······················ 54

4. 衰退階段（Recession stage） ··························· 55

第三節　文化產品的原創設計與開發 ···················· 56

一、文化產品的研究（Research）與開發（Development） ··· 57

二、文化產品研發的風險 ·································· 59

第三章　文化產業市場概述

第一節　文化產業市場概念 ······························ 60

一、文化產業市場
（Cultural industries market）的定義 ······················ 60

二、文化產業消費市場
（Cultural industries consumer market） ·················· 61

三、文化產業分銷市場
（Cultural industries distribution markets） ················ 62

四、與政府機構相關的文化產業市場 ……………………… 63

五、贊助商（Sponsors）、
　　事業性行銷和捐贈市場（Donations market）…………… 64

第二節　文化產業市場需求 …………………………………… 64

一、文化產業市場需求
　　（Cultural industries market demand）的定義 …………… 65

二、文化產業市場銷售量
　　（Cultural industries market share）………………… 66

三、文化產業市場需求形態
　　（Cultural industries market demand patterns）………… 67

第三節　文化產業市場競爭 …………………………………… 68

一、文化產業市場的競爭類型
　　（Cultural industries market competitive types）………… 68

二、文化產業的區隔（Cultural industries subdivision）……… 69

　1. 產業區隔的原因 ………………………………………… 69

　2. 導致行業區隔的因素 …………………………………… 70

　3. 影響文化產業集中統一的四項因素 …………………… 71

三、競爭優勢原則（The principle of competitive advantage）… 72

第四節　文化產業市場與宏觀環境變數 ················· 72

第四章　文化產業市場中的消費行為變數

第一節　文化消費行為的基本要素和動機 ············· 75

一、文化產業消費者行為的三大基本要素 ············· 76

二、文化產業消費動機（Cultural consumption motivation） ··· 76

第二節　文化產業消費行為的個體變數 ················· 78

一、影響文化產品購買的主要風險 ················· 78

二、產業消費者個體變數因素 ················· 80

第三節　文化產業消費行為的決策過程 ················· 80

第四節　文化產品消費行為的環境變數與資訊流程 ··········· 82

一、消費行為的主要環境變數（The environment variable） ··· 82

二、資訊流程（Information Processing） ············· 83

第五章　文化產業市場的區隔和定位

第一節　對區隔市場的概念 ················· 85

一、區隔市場（Subdivided Market）的定義 ············· 85

二、文化產業市場區隔的理論基礎 ⋯⋯⋯⋯⋯⋯⋯ 86

三、文化產業市場區隔的效用與依據 ⋯⋯⋯⋯⋯⋯ 87

四、市場區隔的作用 ⋯⋯⋯⋯⋯⋯⋯⋯⋯⋯⋯⋯⋯ 88

五、相對於來自不同區隔市場行銷壓力的變數 ⋯⋯ 89

六、區隔市場的種類 ⋯⋯⋯⋯⋯⋯⋯⋯⋯⋯⋯⋯⋯ 90

第二節　文化產業市場區隔的功能與研究 ⋯⋯⋯⋯⋯⋯ 91

一、文化產業市場區隔的功能 ⋯⋯⋯⋯⋯⋯⋯⋯⋯ 91

二、文化產業市場的區隔研究 ⋯⋯⋯⋯⋯⋯⋯⋯⋯ 92

第三節　文化產業市場區隔的方法與技巧 ⋯⋯⋯⋯⋯⋯ 93

第四節　對文化產業市場的定位 ⋯⋯⋯⋯⋯⋯⋯⋯⋯⋯ 95

一、文化產業市場定位的內涵 ⋯⋯⋯⋯⋯⋯⋯⋯⋯ 95

二、文化產業市場定位的結構與原則 ⋯⋯⋯⋯⋯⋯ 96

三、文化產業市場定位的模式 ⋯⋯⋯⋯⋯⋯⋯⋯⋯ 98

四、文化創意產業範疇 ⋯⋯⋯⋯⋯⋯⋯⋯⋯⋯⋯⋯100

戰 略 篇

第六章　文化產品需求與價格

第一節　文化產品定價方式與目標 ……………………………110

一、定價要考慮所有相關對象 …………………………111

二、確立目標定位（Target location） ………………112

    1. 價格目標分類的結構關係（Structure） ………112

    2. 價格目標分類的描述 …………………………113

三、文化產品價格制訂 …………………………………113

四、成本核算（Costing）與盈利（Profit） ………115

第二節　文化產品定價的策略分析 …………………………116

第三節　包默的價格變數原理 ………………………………119

第七章　文化產品的分銷策略

第一節　文化產品分銷的定義 ………………………………122

一、分銷變數（Distribution Variable）三要素 ……………123

二、文化產品消費者的消費形態 …………………………123

第二節　分銷通路 ……………………………………124

　一、仲介代理（Medium Agent）的職責 …………125

　二、批發商（Wholesalers）與零售商（Retailers）的職責 ……126

　三、分銷通路的類型 ………………………………126

　四、分銷通路的經營管理 …………………………128

第三節　分銷戰略 ……………………………………128

第四節　分銷的商業區域 ……………………………129

　一、三種商貿區的限定 ……………………………130

　二、商貿區（Commercial trade region）概念的意義…………131

　三、決定商貿區範圍和結構的因素 ………………132

第八章　文化產品促銷策略及其變數

第一節　文化產品促銷的目標與方法 ………………133

　一、促銷目標（Sales targets） …………………133

　二、促銷方法 ………………………………………134

第二節　文化產品促銷的作用與資訊回饋 …………135

　一、溝通資訊 ………………………………………135

二、在消費者中造成變化感覺 ……………………………………… 138

三、資訊防禦機制 …………………………………………………… 138

第三節　文化產品促銷中的溝通方案 …………………………… 139

一、任何溝通方案所必須回答的基本問題 ………………………… 140

二、溝通方案的內容 ………………………………………………… 141

　　1. 溝通方案的步驟 …………………………………………… 141

　　2. 設定溝通目標 ……………………………………………… 142

　　3. 制訂促銷預算 ……………………………………………… 142

第四節　商業贊助中的行銷策略 ………………………………… 143

一、贊助和慈善捐贈的區別 ………………………………………… 144

二、贊助與消費者 …………………………………………………… 144

三、成功的贊助與事業性行銷的運用 ……………………………… 145

四、透過談判達成贊助協議 ………………………………………… 147

五、贊助的策略 ……………………………………………………… 148

第九章　文化產品行銷中的資訊系統

第一節　內部資料資訊 ……………………………………………… 149

第二節　二手資料資訊……………………………………151

　一、二手資料（second hand data）的性質……………151

　二、公共及私營機構的資料資訊……………………152

第三節　原始資料資訊……………………………………154

　一、探索性調查………………………………………154

　二、描述性調查………………………………………155

　三、因果調查（causality investigation）………………157

第十章　文化產品行銷管理與市場營運

第一節　文化產品行銷目標與行銷方案………………159

　一、文化產品行銷目標的確立………………………159

　二、文化產品行銷方案的制訂………………………160

　三、文化產品行銷方案報告書的格式………………162

　四、文化產品行銷組織………………………………165

第二節　文化企業總體戰略與行銷戰略………………166

　一、總體戰略（general strategy）……………………166

　　1. 競爭戰略（competitive strategy）………………166

　　2. 發展戰略（development strategy）………………167

二、行銷戰略（BCG模式）……………………………………… 168

第三節 行銷管理 …………………………………………… 171

一、週期性循環管理（periodical management） ………………… 171

二、行銷評估（marketing evaluation） ………………… 173

三、行銷評估報告書格式 …………………………… 175

應用篇

第十一章 圖書市場

第一節 圖書市場構成要素與需求特徵 ……………………… 178

一、圖書產品與圖書市場 ………………………… 179

　1. 圖書產品 …………………………………… 179

　2. 圖書市場 …………………………………… 179

二、圖書市場的構成要素 ………………………… 180

三、圖書市場需求的特徵 ………………………… 180

第二節 讀者購買行為 ……………………………………… 181

一、影響購買行為的因素 ………………………… 181

二、讀者購買過程 ⋯⋯⋯⋯⋯⋯⋯⋯⋯⋯⋯⋯182

第三節　圖書市場行銷規劃 ⋯⋯⋯⋯⋯⋯⋯⋯⋯183

一、適銷的圖書產品 ⋯⋯⋯⋯⋯⋯⋯⋯⋯⋯183

1. 圖書選題開發 ⋯⋯⋯⋯⋯⋯⋯⋯⋯183

2. 圖書包裝設計 ⋯⋯⋯⋯⋯⋯⋯⋯⋯184

二、合適的圖書價格 ⋯⋯⋯⋯⋯⋯⋯⋯⋯⋯185

1. 選擇圖書定價方法 ⋯⋯⋯⋯⋯⋯⋯185

2. 圖書定價策略（pricing strategy） ⋯⋯⋯186

三、便捷的行銷通路（marketing channel） ⋯⋯⋯187

1. 圖書行銷通路的類型 ⋯⋯⋯⋯⋯⋯187

2. 圖書批發與零售的行銷決策 ⋯⋯⋯⋯188

四、圖書產品的促銷模式 ⋯⋯⋯⋯⋯⋯⋯⋯188

第四節　電子圖書發展與傳統出版品未來趨勢 ⋯⋯⋯189

一、電子圖書的發展 ⋯⋯⋯⋯⋯⋯⋯⋯⋯⋯189

二、圖書市場未來的發展趨勢 ⋯⋯⋯⋯⋯⋯191

第十二章　報業市場

第一節　報業市場與市場行銷 ⋯⋯⋯⋯⋯⋯⋯⋯192

一、報業市場（newspaper market） ⋯⋯⋯⋯⋯⋯⋯192

二、報業市場行銷 ⋯⋯⋯⋯⋯⋯⋯⋯⋯⋯⋯⋯⋯193

第二節 報業讀者需要與購買決策 ⋯⋯⋯⋯⋯⋯⋯⋯⋯194

一、報業讀者需要與報業讀者滿意 ⋯⋯⋯⋯⋯⋯⋯194

二、報業讀者市場的購買決策（purchase decision） ⋯⋯⋯195

第三節 報業廣告客戶滿意與購買行為 ⋯⋯⋯⋯⋯⋯⋯196

一、報業廣告客戶滿意（Customer Satisfaction簡稱為CS） ⋯196

二、報業廣告市場購買行為 ⋯⋯⋯⋯⋯⋯⋯⋯⋯⋯197

第四節 電子報發展與報業未來的發展趨勢 ⋯⋯⋯⋯⋯⋯198

一、電子報的優越性 ⋯⋯⋯⋯⋯⋯⋯⋯⋯⋯⋯⋯198

二、報業的未來發展趨勢 ⋯⋯⋯⋯⋯⋯⋯⋯⋯⋯199

第十三章 影音市場

第一節 影音產品供需變動的影響因素 ⋯⋯⋯⋯⋯⋯⋯200

一、影音產品需求變動的影響因素 ⋯⋯⋯⋯⋯⋯⋯200

二、影音產品供給變動的影響因素 ⋯⋯⋯⋯⋯⋯⋯201

第二節 影音市場行銷的方式 ⋯⋯⋯⋯⋯⋯⋯⋯⋯⋯201

一、打造品牌（creating brand）‥‥‥‥‥‥‥‥‥‥ 202

二、完善影音產品的發行 ‥‥‥‥‥‥‥‥‥‥‥‥‥ 202

第三節 網路影音發展與傳統影音業未來‥‥‥‥‥‥ 203

一、網路視頻（Network video frequency）‥‥‥‥‥ 203

二、網路音樂頻道（Network music channel）‥‥‥‥ 205

第十四章 演藝市場

第一節 演藝的組成要素與類型‥‥‥‥‥‥‥‥‥ 207

一、演藝的組成要素 ‥‥‥‥‥‥‥‥‥‥‥‥‥‥ 207

二、演藝類型的劃分 ‥‥‥‥‥‥‥‥‥‥‥‥‥‥ 208

第二節 演藝要素與行銷的關係‥‥‥‥‥‥‥‥‥ 209

一、演藝時間與行銷 ‥‥‥‥‥‥‥‥‥‥‥‥‥‥ 209

1. 演藝日期與行銷的關係 ‥‥‥‥‥‥‥‥‥‥‥ 209

2. 演藝具體時刻與行銷的關係 ‥‥‥‥‥‥‥‥‥ 210

二、演藝地點與行銷 ‥‥‥‥‥‥‥‥‥‥‥‥‥‥ 210

1. 區域演出消費特性對演出行銷的影響 ‥‥‥‥‥ 211

2. 演藝場所與演出行銷的關係 ‥‥‥‥‥‥‥‥‥ 211

三、演藝組織者與行銷 ‥‥‥‥‥‥‥‥‥‥‥‥‥ 212

四、演藝節目與行銷 ·· 213

　　五、演藝觀眾（Performed Audiences）與行銷 ·················· 213

第三節　演藝服務的行銷方式 ······································ 214

　　一、直效行銷（directmarketing） ······························· 214

　　　　1. 直效行銷的基本特徵 ·································· 214

　　　　2. 直效行銷與傳統行銷方式的區別 ················· 214

　　　　3. 直效行銷決策因素 ····························· 215

　　　　4. 直效行銷媒體 ·································· 216

　　　　5. 直效式行銷的條件 ························· 216

　　二、IMP演藝整合行銷 ·························· 217

　　　　1. IMP的服務內容 ······················· 217

　　　　2. IMP的市場定位 ··················· 218

　　　　3. IMP的主要贏利方式 ············· 218

　　　　4. IMP的戰略目標 ············· 219

第四節　演藝文化與網路時代的結合模式 ························· 219

第十五章　娛樂市場

第一節　娛樂業概述 ·· 221

一、娛樂業（Entertainment）的內涵 ……………………………… 221

二、娛樂文化企業經營的類別 …………………………………… 222

第二節　娛樂業行銷 ……………………………………………… 222

一、卓越產品（excellence product） ……………………………… 222

1. 迪士尼的成功產業 ………………………………………… 222

2. 迪士尼的品質管制 ………………………………………… 223

二、娛樂促銷 ……………………………………………………… 223

三、完美服務 ……………………………………………………… 224

第三節　娛樂業發展與科技結合未來趨勢 ……………………… 225

第十六章　文化旅遊市場

第一節　文化旅遊的動機和行為導向 …………………………… 226

一、文化旅遊的行為動機 ………………………………………… 226

1. 旅遊行為發生的兩種基本力量 …………………………… 227

2. 文化旅遊的需求動機 ……………………………………… 227

3. 文化旅遊的作用 …………………………………………… 228

二、文化旅遊行為的文化導向（cultural orientation） ………… 228

三、文化旅遊的文化流通價值（communication value） ……… 229

第二節　文化旅遊產品的開發　…………………………………… 230

　一、文化旅遊產品的市場定位　…………………………………… 230

　　1. 文化旅遊產品的市場開發調查　……………………………… 231

　　2. 文化旅遊產品的市場定位　…………………………………… 233

　二、文化旅遊產品的市場開發　…………………………………… 234

第三節　文化旅遊產品的市場行銷　…………………………… 234

　一、文化旅遊產品的市場行銷理念與策略　……………………… 235

　　1. 文化旅遊產品的市場行銷理念　……………………………… 235

　　2. 文化旅遊產品的環境行銷策略　……………………………… 236

　二、文化旅遊產品的推銷與促銷　………………………………… 237

　　1. 文化旅遊產品的市場推銷　…………………………………… 237

　　2. 文化旅遊產品的市場促銷　…………………………………… 239

第四節　異軍突起的旅遊演藝市場　…………………………… 240

　一、旅遊演藝市場的三種運營模式　……………………………… 240

　二、旅遊演藝產品市場競爭力的構成特點　……………………… 241

第十七章　會展市場

第一節　會展行銷要義　………………………………………… 242

一、會展行銷的概念及體系 ………………………………… 242

二、會展行銷的功能與特點 ………………………………… 244

　1. 會展行銷的功能 ………………………………………… 244

　2. 會展行銷的特點 ………………………………………… 245

第二節　會展行銷的趨勢 ……………………………………… 246

一、會展業的發展趨勢（Development Trend） ……………… 246

二、會議行銷策略 ………………………………………………… 248

第三節　虛擬會展行銷和實體會展行銷結合趨勢 …………… 249

一、會展網路行銷的功能 ……………………………………… 250

二、網路軟體（Network software）在會展行銷中的應用 …… 251

三、舉辦展覽的網路行銷方法 ………………………………… 252

四、網路行銷成功與否的衡量 ………………………………… 253

附錄：參考文獻

中文參考文獻 …………………………………………………… 254

英文參考文獻 …………………………………………………… 257

網路參考文獻 …………………………………………………… 257

基礎篇

第一章　文化產業和市場行銷

在本章中，我們將對文化產品行銷的顯著特徵做全面的剖析。第一節內容中，我們將透過探討文化企業（Culture Corporation）的概念、在社會中的定位、文化創作者在文化企業中的作用以及各自在產品週期中的目標來瞭解文化企業。然後具體分析什麼是導致文化企業之間產生差異的因素，必要性地確認文化領域和文化產業的區別。

在第二節內容中，我們將回顧市場行銷自創、發生到分化、發展的歷史，重點講述文化產業市場的行銷；隨後我們還將透過比對傳統的行銷模式和適應現實環境的文化產品行銷模式，以便明確其差異性。

在後面的章節中，我們還會對行銷模式的每一種要素進行廣泛的論述。

第一節　文化企業概述

在文化產業鏈中，文化企業（Culture Corporation）是一個重要的環節，對社會文化產業（Culture Industry）的運行，有著舉足輕重的作用，那麼，文化企業究竟有著哪些作用呢？其自身又是怎樣一種情況？本節將詳細講述。

一、文化企業的概念

對文化企業的定義，簡單的說就是以盈利為目的的從事文化產品創造、組織生產和市場銷售的企業組織。在文化企業概念的認知上，一直存在著狹義（Narrow）和廣義（Generalized）之分：

文 化 企 業 概 念 的 狹 義 和 廣 義	
狹義概念	狹義觀點認為，文化企業是生產、製造文化產品並對其進行銷售的專業性機構。如：圖書出版企業、藝術表演團體、畫廊和博物館、公共圖書館和文化遺產所在地等等。
廣義概念	廣義概念上的文化企業除上述方面，還可涵蓋文化產業（電影業、影音業、出版業及工藝美術業）和傳媒（廣播、電視及報紙期刊）業。

　　根據企業的性質不同，文化企業又分為以下幾個種類：

文 化 企 業 的 種 類	
文化教育機構和補習企業	如：大學、各類專業補習學校和補習機構等。
紙質文化出版傳媒企業	如：圖書、報紙、雜誌出版與發行企業。
電子傳媒企業	如：電台、電視台、網路等，以電子方式傳播文化的企業。
影視表演藝術企業	如：影視劇企業、民間藝術表演組織等。
工藝美術文化企業	如：工藝品和美術的創作、生產、銷售以及各個環節的組織和企業。
歷史古蹟、收藏品、宗教文化機構	如：歷史古蹟、博物館、古董收藏品、紀念品、歷史名人故居、教堂寺廟等。
園林景觀、奇趣創意企業	如：園林景觀設計、奇石、怪木收集製作等。

根據企業經營的性質不同，文化企業又分為以下幾個種類：

按 經 營 性 質 劃 分 的 文 化 企 業 的 種 類	
創意型文化企業	從事原創性文化生產的企業。如：影視公司、圖書出版公司等。
銷售型文化企業	從事文化產品的推廣與行銷的企業。如：圖書發行公司、書店、影音製作發行公司、影視發行公司等。
複製型文化企業	從事文化產品大量複製業務的公司。如：圖書印刷公司、影音沖洗複製公司等。

二、文化活動的職業分類

從超越傳統學科的分類來看，文化從業者可以按照各自從事的職業予以分類：

文 化 活 動 的 職 業 分 類	
創作人員	文化創意策劃與創作人員。如：圖書策劃人、小說家、詩人、劇作家、舞蹈編排家、作曲家、畫家、雕塑家、設計家等。
設計人員	參與文化活動設計的人員。如：展覽會設計、藝術品設計、影視製作設計、舞台設計、排版設計、裝禎設計、圖文設計等。
管理人員	從事文化活動的管理人員。如：圖書展覽會負責人、影視劇導演、演藝團經理等。
其他參與人員	凡是文化活動需要的其他參與人員，都在此列。如：圖書編輯、行銷人員、影視演員、展覽會工作人員等。

三、文化企業的特徵與作用

文 化 企 業 的 特 徵 與 作 用	
文化企業的特徵	1. 文化創作人員在其中佔據著十分重要的地位。 2. 企業經營產品的過程也是一個創造性的過程。
文化企業的作用	1. 相對於文化產品，文化企業可發揮各不相同的作用，這些作用涵蓋設計、生產、再生產、分銷或者儲存產品。 2. 文化企業行使一個或多個功能要取決於企業的任務；各種不同的組合都是可能的，因為它的任務決定行使這些功能的數量。

文化企業營運功能流程圖

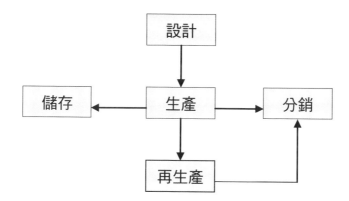

四、文化企業之間的差異

　　文化企業之間存在著各種差異，有差異就有不同的分類分析和總結，以及各個分類之間的關係與關聯。以下是文化企業的分類分析與關聯分析。

1. 文化企業的分類標準（Classification criteria）

　　由於在規模、結構、功能、學科分類方面的不同，文化企業之間理所當然地存在著差異。按照特定的標準將它們分類為：

文 化 企 業 的 分 類 標 準	
企業對目標任務的定位	1. 我們把以產品為中心和以市場為中心的文化企業置於同一系統的兩種類別。一家文化企業可能由於其存在的理由進而以產品為中心進行定位。 2. 在這一連續性的系統另一端是以市場為中心來定位的文化企業，它們關注的焦點是支撐它們的市場。介於這兩種之間的其他文化企業則有著各式各樣的自身特色。
文化產品的生產形式	1. 不打算進行再複製的唯一產品（原型或模型產業）。如：原創藝術品。 2. 利用原型或模型在同一時間內製造出大量複製品的產品。如：圖書、影音產品等。
文化企業的經營性質	文化企業的經營性質通常分為：創意性文化生產企業、複製型規模化文化生產企業、銷售型文化企業。以此確認它們到底是以市場為中心的還是以產品為中心。
文化企業規模	根據文化企業的生產規模來劃分。一般來說，創意性文化企業的平均規模最小，複製型文化企業的平均規模較大，銷售型文化企業處於中間狀態。

2. 文化企業不同經營屬性之間的象限（Quadrant）分析（圖）

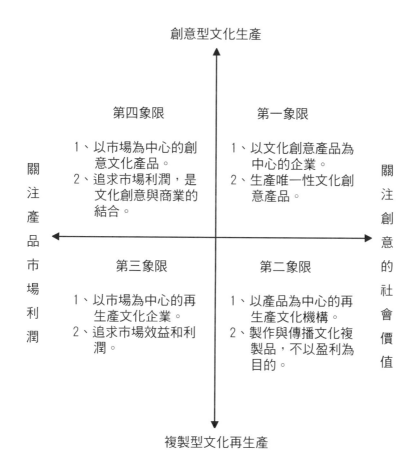

創意型文化生產

第四象限

1、以市場為中心的創意文化產品。
2、追求市場利潤，是文化創意與商業的結合。

第一象限

1、以文化創意產品為中心的企業。
2、生產唯一性文化創意產品。

關注產品市場利潤

關注創意的社會價值

第三象限

1、以市場為中心的再生產文化企業。
2、追求市場效益和利潤。

第二象限

1、以產品為中心的再生產文化機構。
2、製作與傳播文化複製品，不以盈利為目的。

複製型文化再生產

第二節　市場行銷淵源與發展

　　市場行銷（Marketing）是文化產業和社會大眾之間的連結過程，市場行銷最終目的是實現文化產業服務於社會大眾。

一、市場行銷的定義

　　市場行銷的目的是使文化企業和消費者之間的聯繫達到最優化，並使他們能夠最大程度地相互滿足。

　　「市場行銷」這一概念名詞起源於西方社會，其定義在各種關於市場行銷的著述中也是有出入的：

市 場 行 銷 概 念	
美國行銷協會出版的 《行銷學術語辭典》	行銷是能夠滿足個體和組織交換目的的方案制訂，以及實施創意、定價、促銷並且在理念、商品和服務方面進行分銷的過程。
英國CAM基金及行銷學會出版的 《行銷學基礎和實踐》	行銷是有效確認、參與並滿足消費者需求的管理過程。

　　行銷概念基本上反映四大要素，即：消費者需求、需求的滿足、文化企業與消費者之間的聯繫、利益最優化。

　　最優化和最大化之間的區別重點：最優化是在尋求獲得最高利潤的同時，要充分顧及文化企業組織機構或各種環境因素，而最大化過程則儘量創造可能產生的最大利潤。

二、市場行銷的形成與發展

行銷學做為一門學科，與全球工業化物質水準提高同步發展，並且還做為貿易發展的一個成果展現。

市場行銷的形成與發展階段	
早期的簡單行銷	在商品流通的早期，由於消費水準不高，生產量也不大，簡單的商品分銷系統足以應付市場。近代工業化的進程極大地改變這一現狀。
工業化進程中的競價行銷	20世紀初，製造成本由於生產線流程的發明而得以降低成本。因此，製造商和商店的規模得以擴展。文化企業打破基於製造成本的定價慣例，製造商認識到消費者的消費能力在增長，消費者不僅希望商品能夠滿足其實用要求，還要能滿足其品味要求。
行銷理論的形成	大約1910年前後，「行銷」一詞的含義開始超越分銷或貿易的概念。直到20世紀20年代，第一批行銷研究資料和教材出版。此時期相關零售、銷售和廣告技巧的出版物相繼登場。
現代的品牌行銷	製造商採用廣告手法在其消費者中培養品牌信譽，為的是想讓他們的零售商或者批發商，使用這些品牌培養消費忠誠度。而做為回報的是連鎖零售店創造出屬於他們自己的店家品牌，可以以低廉的價格銷售這些全國性品牌的商品。

三、現代行銷學的誕生

現代行銷學誕生和發展的過程時間不長，但在歷史進程中具有鮮明的階段性，這和整個社會生產力或是社會經濟有一定的同步性。

現 代 行 銷 學 誕 生 和 發 展 的 幾 個 階 段	
20世紀50年代的某個時期	以產品和銷售為焦點的觀念發生轉變，它開始轉移到以消費者為基礎的行銷觀念層面，這一轉變預示著現代行銷學時代的來臨。行銷管理被認為是一個包含分析研究、制訂方案以及實施三部分的過程。 1948年詹姆斯・庫里頓首次採用「綜合行銷」這一表述來描述包含在任何行銷決策中關鍵要素的組合。 庫里頓將這些要素分成兩組： 1. 市場力（Market Power）：消費者的購買行為、貿易行為、競爭者的地位和行為、政府行為。 2. 行銷要素：產品設計、價格、銷存貨、促銷、服務、實地調查及分析研究。
1960年	麥卡錫將行銷組合要素歸納成4P，即「產品、價格、流通和促銷」。
1945年～1960年	為了更加瞭解消費者群體，行銷專家深入研究心理學和社會學之類的社會科學，運用這些知識去瞭解個體和集體消費者的行為。由於60年代採用最新的定量化及電腦分析方式，進而衍生出豐富的資料和資訊。因此，儘管行銷學始於經濟理論的應用，但隨著它不斷汲取其他學科知識，進而行銷學更加豐富完善，最終形成一門獨立的學科。
70年代	行銷從綜合化和標準化轉向專門化，與此同時，「社會行銷」隨之出現。社會行銷的概念：「（行銷）組織機構的任務是決定消費需求、慾望和目標市場興趣之所在，並且透過保證或增加消費者及社會福利的方式，以便比其他競爭對手更加有效、更加有力將這種預期的滿足送達。」 至此，行銷學已經達到專家們使之在特定經濟領域中得以研究，行銷觀念不斷得到擴散，並且在全新的領域（人事、政治實體、社會事業和各種組織機構領域）得到新的應用層面。
20世紀70年代下半期和80年代	行銷擴展到服務行業和「頭腦」產業亦即智力行業。這一時期也是慈善行銷的開端，同時行銷觀念透過整合，首次進入文化領域。

90年代至千禧年間	知識行銷觀念逐步確立。知識行銷利用有效的知識傳播手法和方式，把企業擁有的對消費者有價值的資訊（產品資訊、專業科研成果、經營管理思想、優秀的企業文化等）傳達給潛在的消費者，使其逐漸對企業的品牌和產品有所認知，並最終將潛在的消費者轉化為實際消費者。

四、文化產品的行銷

1967年，著名的美國行銷學家菲利浦‧科特勒（Philip Kotler）在《行銷管理：分析、計畫、控制》一書中第一次正式地對文化產品行銷概念做出闡釋，同時這也是學術機構首次提出有關文化產品行銷的概念。愈來愈多的文化機構和文化生產企業開始意識到市場行銷的重要性。

1. 不同觀點的文化產品行銷思想

隨後，一批專門論述文化產品行銷的著作出現，這些集中論述文化管理和行銷教材，展現出一些游離於傳統行銷理念的新行銷思想。它們分別是：

不同觀點的文化產品行銷思想	
迪格雷斯 （Digeleishi）	文化產品行銷的基本目的是將適宜數量的消費者，以適當的形式，透過文化創意與設計人員進行溝通，藉以設計出市場潛在需求的文化產品，並且在這個過程中達到與實現文化企業目標可相提並論的最好的經濟收益。
莫科瓦 （Mokewa）	文化產品行銷並不僅僅只是讓創意設計人員策劃一個創意或設計一件產品，更重要的任務是將文化產品的最新創意傳達給消費者，讓更多的消費者分享創意。
赫斯曼 （Hesiman）	赫斯曼贊同關於文化產品行銷的傳統概念，亦即將市場需求的滿足當做產品的存在理由的這種觀念，不能適用於具有特殊意義的文化創意。事實上，赫斯曼認為文化創意產品具有其存在的自身原因，因為它們沒有必要滿足除了創意者自身所需的其他需求。

2. 文化產品行銷的三種市場區隔（Market segments）

基於產品跟市場交換得以滿足的理念，赫斯曼（Hesiman）提出三種市場區隔。這三個市場區隔是依據文化產品的創意性導向和目標來確定的。

文 化 產 品 行 銷 的 三 個 市 場 區 隔 層 面	
文化產品的個體創造活動	在這種情況下，創造性的活動被認為是自發產生的，個體創造者的目的只是為了滿足個體需求而表達自己。
包含同行或由同一層面的專家進行的創造性活動	這裡的同行指的是其他的文化產品設計人員、評論家、學科領域裡的專家；而創造性的活動被認為是使那一層面的專家適應環境，亦即創作者在特定環境中尋求認同。
公眾市場的文化消費活動	把一般公眾分為幾個亞群體，由此文化產品的創造活動被認為是由商業因素或者適應環境而產生的市場因素。在這種情況下的首要目標是使經濟收益最大化。

第三節　文化產品的行銷模式與管理

文化產品在性質與形態上全然不同於其他物質性產品。文化（文學、藝術、設計等）創意產品能夠多次性地使用，特別是精神產品還能夠無窮性地享用，並且其價值愈使用愈高、其增值速度也就愈快。而物質性的產品則恰恰與文化產品相反。既然文化環境的現實跟其他純粹商業或工業環境的現實存在著很大差異，那麼其行銷模式也必須要做出相對的調整，以適應這種差異。

一、 傳統行銷模式（The traditional marketing model）

在傳統行銷模式中，描繪商業或工業企業狀況的各種模式中，行銷要素必須被認為是一個從「市場」環節開始的序列。

市 場 序 列（Market sequence）	
企業要滿足市場需要	文化企業要努力去滿足消費者中存在的需求。
根據市場回饋資訊調整生產結構	文化企業使用由行銷資訊系統提供的資料來評估這種存在的需求，並在瞭解現有資源和總體任務的前提下，評估它自身滿足這種需求的能力。
組織行銷	隨著文化企業採納行銷組合的四要素，並且對它們進行調整，以便對潛在消費者產生預期的效果，以實現利潤的最大化。

傳統行銷模式序列圖

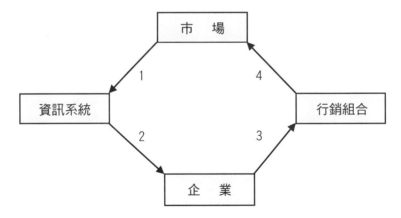

傳統行銷模式的序列順序：市場－1→資訊系統－2→文化企業－3→行銷組合－4→市場。因而，市場既是過程的起點，也是終點。

二、文化產業市場的行銷模式

　　雖然文化產品的行銷模式保留和傳統行銷模式同樣的要素，但是以產品為中心的文化企業的行銷過程卻有所不同。因此，傳統的行銷模式並不能充分地反映文化消費環境的現實。正如我們知道的，其行銷過程開始於文化企業的內部，始自產品本身。

文 化 產 業 市 場 的 行 銷 模 式	
定位市場細節	文化企業要盡力確定市場中的哪些區隔市場因素會對其產品感興趣。
定價與行銷	一旦潛在消費者得以明確，文化企業就會為它的顧客群體開始安排其他三個要素：即價格、分銷和促銷。
行銷順序	在這一類型的文化企業中，行銷順序將是： 文化企業（產品）→資訊系統→市場→資訊系統→文化企業→行銷組合→市場。 該過程起點是產品，而終止點則是市場。

文化企業的行銷模式圖

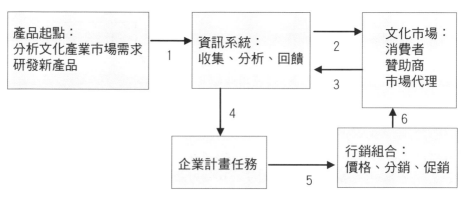

參考資料：Francios Colbert.「Marketing Colture and The Arts」.Canada,2001.

　　這種「由產品到顧客群體」的通路在文化消費市場領域是真正具有典型意義的，同時它也可以適用於其他類型文化企業的行銷活動中。

　　正如我們所瞭解的那樣，某些文化企業基本上是以市場為中心，對其他目標而言，它們更傾向於追求經濟效益。在這種情況下，傳統的行銷模式對它們來說就是最合適的。

三、文化企業及其行銷管理（Marketing Management）

　　行銷戰略的決策總是要符合文化企業的任務和目標，這些決策也要充分考慮到該企業的人力資源、財力資源和技術資源狀況。

文 化 企 業 行 銷 管 理 的 五 個 步 驟	
分析研究	首先，市場人員透過觀察相關市場，審視文化企業的目標及資源，以便進行具體的情況分析。
目標設定	透過對市場的分析，設定出適合於當前形勢的行銷目標。
制訂計畫	在制訂計畫階段，行銷人員要將注意力集中在戰略層面（產品定位、競爭者的反應、最合適的分銷通路）和更多的操作層面（銷售人員會議、在適當的時間及地點分發廣告資料等等）。
實施和監督	實施：行銷計畫的執行或實施要求文化企業所有成員進行熟練而有效的協調，同時要求文化企業所有部門都要積極參與。 監督：監督是用來比較實際效果和預期目標的，如果需要的話，可以修正其中的不當之處。
評價總結	當一個方案實施完成後，要對方案的設計和實施進行總體評價和總結，這是文化企業累積管理經驗的重要程序。找出成功之處和不足之處，發揮所長，避免失誤，並以此形成具有自身特色的企業管理文化。

四、文化企業行銷模式要素

文化企業在成功的行銷模式下，進行市場實踐的過程當中，諸多行銷要素的有機結合、合理的功能，配比顯得尤為關鍵，那麼在行銷模式中，究竟有哪些不可或缺的要素呢？這些要素在行銷模式中，又是發揮怎樣的功用呢？

行 銷 模 式 要 素	
市場	市場是表現消費者對商品、服務、理念有所期望和需求的行銷場所。有需求和期望的想法及意圖，也就有市場行銷的基礎，這是行銷戰略的關鍵所在。按照消費者的興趣和需求，市場可以被劃分為不同的市場層面或者消費環節。 1. 多樣化銷售方式：產品的製作是為了滿足潛在消費者的需求。因此，文化企業要在競爭中突出自己，其所提供的商品不能用單一的銷售方式。 2. 定位不同的消費群：透過營造不同的市場層面，它就可以確認欣賞其產品的特徵及由個體組成的消費者群體。
環境	市場行銷戰略不可能憑空獲得，很多外在的包括文化企業和市場在內的環境中有多方面的限制性因素，影響著市場和文化企業和所有的組織結構： 1. 競爭因素： 　競爭常常被定義為「部分可控制變數」，也就是說，即使競爭對手的戰略不能被直接影響或削弱，但仍然會有其他許多可以施加影響的方式。 2. 存在於宏觀環境中的變數： 　文化企業對於競爭還能有些許的控制，但是宏觀環境中的變數通常被認為是「不可控制的可變要素」。 3. 宏觀環境中的五大要素：人口統計要素、文化要素、經濟要素、政法要素和技術要素。

行銷資訊系統	行銷資訊系統依賴於三個關鍵的要素： 1. 內部資訊： 　「內部資訊」是指可獲得的有關企業自身內部的所有資訊。 2. 由私營企業和政府機構所發表的第二手資訊： 　「二手資訊」一詞是用於描述由公共機構和專門發行研究報告的 　私營企業出版的資訊資料，公共機構包括行政院統計處、研考 　會、文化建設委員會或者縣市文化中心、社教館等部門。 3. 企業自身收集到的資訊。
行銷組合	每一種行銷戰略都具有相同的四大要素：價格、產品、通路和促銷。綜合起來，4P就構成所謂的「行銷組合」。
可控制變數	較之被稱為「部分控制變數」的競爭要素，或者被認為是「不可控制變數」的宏觀環境，我們將行銷組合的要素稱做「可控制變數」。

　　以上就是行銷中的各種組成要素，從兩張表中我們可以看出，市場、環境、行銷資訊系統、行銷組合以及行銷過程中，必須考慮的時間和企業特性，所有的這些行銷要素，它們是一個統一的整體。這些要素的共同作用、高度和諧，才能形成成功的行銷過程；否則只要在哪個點上出現偏頗的失誤，都有可能造成行銷的失敗。

第二章　文化產品概述

文化產品是文化企業生存的基石，也是文化企業行銷戰略的出發點和基礎，那麼什麼是文化產品？它是如何被定義的？在本章中，將展示一種基於文化消費者花費多少努力來獲得產品的概念分析系統。

本章將分三節內容對文化產品進行全面剖析。

在第一節中，我們將對文化產品的概念、範圍與品牌做初步的認識；第二節中，我們來關注文化產品的生命週期；第三節中，我們具體來談談文化產品的原創設計與開發。

第一節　文化產品的概念、範圍與品牌

「文化產品」（Cultural products）的內涵有廣義和狹義之分。廣義的文化產品指的是人類社會所創造的一切，供給社會的可見成品，包含所有的物質產品和精神產品，如：服務、有形的物品、思想概念或個人的經驗等內容；而狹義的文化產品則專指的是精神產品，通常不稱純粹實用的生產生活器具、能源資料等為文化產品。

一、文化產品的概念

上面我們講廣義和狹義概念的文化產品的內容之分，其實，文化產品概念的敘述有很大的靈活性，我們可以根據不同的需要來界定文化產品的概念，準確地對文化產品做出解釋和分析。

1. 基於消費者的產品分類

在市場學中，產品分類有多種方式，這裡我們介紹最常用的一種分類方法，根據消費者為了獲得產品，所花費的努力程度將文化產品分成：便利產品、可選擇性產品和特殊產品。

基於消費者為了獲得文化產品花費的 努力程度進行的產品分類	
便利產品	是指消費者不刻意追求品牌而經常性購買的產品。如：圖書、雜誌、影碟等經常性消費品。
可選擇性產品	如果消費行為是經過深思熟慮的，那麼消費者會在多種替代商品之間進行比較後再做決定。例如：休閒時，一個人會選擇看一場馬戲表演而不是一場電影。
特殊產品	專業消費經常涉及到一些特定的消費目標，消費者會盡最大的努力去得到它們。如果所期望的不能得到，消費者也不會用其他的做替代，甚至會進行一次專門的旅行去尋求。例如：一個人會為了一場純粹的義大利歌劇而做一次義大利之旅。

2. 文化產品的三要素

大多數文化產品都具有以下三個組成要素：

文 化 產 品 的 三 個 組 成 要 素	
產品本身功能	一些人購買某種工具書，完全取決於這本書內容所具有的指導作用，如：學會如何做好一道菜等，換句話說，是基於產品主體內容。
相關服務的優劣	一些人選擇購買某品牌的鋼琴是出於廠商的品質保證或是分銷商的售後維修服務計畫─即根據產品所附帶的服務才決定購買。如：終身的免費調試、保養等。

社會價值觀	還有一些人做出購買某種品牌產品的決定，是根據該產品所代表的社會地位，有時，這種象徵性的價值觀會成為購買產品的主要驅動力。如：一個人購買薩克斯管樂器很大程度上是為了顯示自己的品味等。

3. 文化產品的三個標準

　　關於產品概念的確定方式，適用於產品概念分析的三個標準，也可以適用於對文化產品的界定，這三個標準是：參照、技術和環境。

文　化　產　品　的　三　個　標　準	
參照點 （Reference points）	參照點的作用是消費者能夠根據文化產品的各方面情況（如：類別、流派、歷史、競爭產品、替代產品等）來確定一個產品的參考點，消費者因不同的經驗或對產品所具有的不同知識，其參考點會有所增加或減少。 同類產品的比較： 這個方面可以透過將產品和其他現有的產品或曾經存在過的產品進行比較，進而得到一個明確的標準。 產品評價： 當評估某一產品時，也同樣需要考慮其所需要的分銷和傳播方法、其他產品的存在或曾經存在的特定市場。
技術因素 （Technical factors）	技術因素是指消費者所能得到的產品技術和資料等內容，它可以是產品本身（一幅畫），也可能是某種媒介（圖書或MP4），或者是一部作品的組成部分（一場表演）。當一名消費者購買一張光碟時，同時也能獲得產品的一個技術特性。
環境因素 （Environmental factors）	文化產品與環境因素的互動是暫時的和易變的，文化消費者的生活洞察力和社會化感受是欣賞文化產品所需的基本要件，而且是必不可少的組成部分。當一件文化產品被展示時，同樣也能說明這個問題。

二、文化產品系列和範圍

產品系列可解釋為「一組相關聯的產品」，又可稱「產品組合」。「產品組合」是由企業或組織提供所有產品系列組織而成的。「產品組合」的概念可以很容易地被運用到那些以促銷和分銷服務與娛樂產品為主要使命的企業。

文化產品具有自身的特殊性和延展性，這是由於大多數的文化產品都屬於精神產品，具有無限的可擴大性和包容性。相較一般的物質性產品，文化產品更容易形成系列性和多元性。總而言之，文化產品的「產品組合」可分以下兩大類：

文 化 組 合 產 品 類 型	
主流產品自身組合	由文化企業自身產出的系列產品組合。一個大的文化中心可以提供一種產品系列，而一場小型展示會只能提供非常有限的產品系列的組合，很可能每種系列只包含一個產品做為代表。
主流產品加相關副產品組合	自身主流產品加相關副商品的組合。文化企業趨向於創造與主流文化產品有關的副產品，進而構成另一類產品系列。銷售促銷產品，如：與該產品系列相關的文化衫。

在文化產品的銷售上，組合產品只是文化產品的一種銷售類型，還有單一文化產品和相關文化副產品的銷售。

文 化 產 品 的 三 個 銷 售 類 型	
單一產品	指只有一種固定形式的產品。如：圖書、音樂CD等。
組合產品	幾種單一產品組合而成的系列產品。如：綜合性晚會的系列節目等。
相關副產品	與主流產品相關的副產品。如：動畫人物唐老鴨圖案的襯衫等。

三、文化產品的品牌

對大多數經營者而言，產品品牌的運用是其行銷戰略中一個重要的組成部分。

文 化 產 品 的 品 牌 特 徵	
品牌具有標示性	消費者根據他們所認同產品的品牌所傳達的屬性來區分不同的產品。品牌可以是一個名稱也可以是設計的符號。
品牌代表企業形象	所有文化企業都有品牌或商標。當消費者接觸到某一特定品牌的產品時，知名企業的名稱可以立即在消費者腦海中組建出企業的形象。
好品牌吸引消費者	一個好的品牌，不僅能吸引消費者，而且還能創造出特許經營的機會。如：速食品牌麥當勞對品牌名稱的強項進行資本化投資，為了開拓自己的市場佔有率，在全世界各地建立許多特許經營的分店。

第二節　文化產品的生命週期

新陳代謝是自然界的運行規律，任何事物從人類到產品都存在著從產生、成長到滅亡這幾個階段。產品生命週期（Life cycle）概念的起源正是基於這一原理。依據產品的生命週期，某些產品會經歷一段顯赫的時光，但之後漸漸被人們遺忘，最終被大眾徹底遺棄，走向滅亡。

※ 文化產品生命週期的四個階段

文化產品本身其實就是一個過程，我們稱之為產品的「生命週期」，所有的產品生命週期都由四個階段組成，分別是：引進期、生長期、成熟期和衰退期。

儘管在一個既定的時期內很難確認一個產品正處於何種階段，但每個階段確有其具體的特徵。

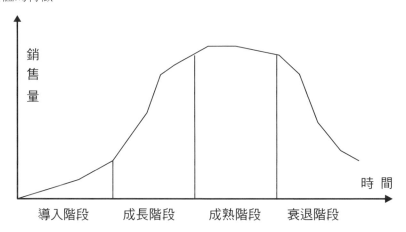

參考資料：Dussart,C.1986.Strategy marketing.Boucherville, Quebec: Gaetan Morin Publisher, p.235.

1. 導入階段（The introduction stage）的特徵與戰略

在生命週期中，創新和引進新產品意味著最初的銷售緩慢、財務虧損以及喪失競爭力。這個階段可能持續很長一段時間，主要是取決於消費者的反應。

引 進 階 段 的 特 徵	
消費者拒絕對於革新的抵制	消費者對新產品有個接受和適應的過程，這一階段應加大廣告的宣傳力度，讓更多的消費者瞭解新產品和接受新產品。
過高的價格因素	新產品引進階段價格通常較高，這使得一般消費者難以接受，因此，引進階段的銷售要針對高段定位的消費者進行廣告宣傳。

分銷網路的限制	因為對新產品的未來前景沒有把握，起步時的銷售量也很有限，分銷網路對新產品進入市場有一定的抵制情緒，這需要多溝通，更需要耐心。
同類產品的排擠和干擾	雖然是新產品，但同類老產品的降價和促銷方法對新產品的上市會產生強烈的排擠和干擾。

　　基於引進階段的市場特徵，可以針對不同類型的產品採取不同的戰略。價格和促銷兩個假定因素組合而構成四種產品引進戰略，分別是：低價、高價、少量的促銷活動以及大量的促銷活動。

產 品 引 入 戰 略（表一）		
	促　銷	
	大　量	少　量
價格　高	快速滲透戰略	選擇性滲透戰略
價格　低	大規模滲透戰略	低速滲透戰略

產 品 引 入 戰 略（表二）	
快速滲透戰略	是指在強而有力的促銷活動中以較高的價格將產品推入市場。當潛在的市場還不瞭解這類產品（如：一件相當新奇的物品）時，就會有足夠多的消費者希望購買它，甚至不惜付出較高價格，這一戰略對新產品的上市無疑是比較合適的。
大規模滲透戰略	是指同樣在強而有力的促銷活動前提下將產品以相對較低的價格推向市場。文化企業希望就此進行較大程度的市場滲透，並獲得較高的市場佔有率。產品生產的數量要能達到「規模經濟效應」，這樣才能確保它在較低價格下仍能獲得盈利。

低速性滲透戰略	它能使文化企業透過節省促銷費用來增加利潤。在這種情況下，產品要有廣闊的市場，通常消費者對於價格較為敏感，這類產品哪怕是全新的品牌，也必須為人所瞭解。
選擇性滲透戰略	這是指將產品以非常高的價格但很少的促銷而投入市場的方式。這種方法適用於市場競爭小、產品已為人所知、消費者願意以這個價格購買產品的市場環境。將此類產品投入市場可以用較低促銷費用使文化企業獲得較高的利潤。

2. 成長階段（Growth stage）的市場特徵與公司戰略

隨著更多的消費者加入嘗試新產品者的行列，產品進入它的成長期。在這一時期，會出現幾個方面的市場特徵。

成 長 期 的 市 場 特 徵	
消費者增加	「早期接受者」的隊伍將壯大成「早期大多數接受者」。至此，需求已變得非常強烈，並已達到允許降低價格來鼓勵其他消費群體購買產品的階段。
銷售量增加	這個階段，銷售量會有迅速的增長，也能夠賺到足夠的利潤。這是一個消費者數量和平均消費量都增加的時期。
競爭者加入	良好的銷售業績和豐厚的利潤，必然吸引更多的競爭者加入，市場競爭也相對激烈起來。

在這一時期，文化企業要採取相對的行銷戰略來應付市場變化。

成 長 期 的 公 司 戰 略	
提高產品品質與服務品質	提高文化產品品質，增加文化產品種類、規格，增加新的服務項目和服務內容。

擴大行銷通路	開關新的分銷通路,增加新的銷售網站,適當加大對銷售的人力和資金投入。
拓展銷售領域	開拓新的銷售領域,拓展市場銷售面。
適度降低價格	適度降低文化產品的價格,以抑制新的競爭者搶佔市場,同時有利於銷售量的持續提高。
著手新一輪產品的研發	不要等到當前產品進入衰退期才急於新產品的研發,而是要在當前產品的成長期就開始著手進行,在當前產品進入成熟期時要完成新產品的研發,在當前產品進入衰退期時,隨時能夠把新一輪產品推向市場。

3. 成熟階段（The stage of maturity）

一旦所有潛在的消費者都接受該產品,那麼平均消費量開始趨於穩定,整個需求進入一個平穩時期,也就是成熟階段。成熟階段可以分為三個時期:

產 品 成 熟 階 段 的 三 個 時 期	
成熟增長期	在這個時間點上銷售增加速度開始降低。儘管滯後者開始接受產品並加入先前購買者的行列,他們在人數上相對較少。
產品銷售的停滯期	這就是接下來的飽和時期 —— 消費需求主要來自替代產品。
成熟衰退期	由於一些消費者開始轉向替代產品或新產品,這一時期產品銷售量開始下降。

由於競爭使得需求逐漸下降,這就帶來嚴重後果。儘管市場已經飽和,但新的文化企業或產品品牌仍在不停湧現,並試圖在市場上找到一個合適的位置。持

續增強的競爭迫使最弱小的文化企業不得不關門。

從戰略上講，文化企業這時可選擇三個不同的應付方法：

市 場 競 爭 戰 略 應 付 方 法	
改變市場	市場可以透過尋找新的未被選擇的區隔市場來進行變更。文化企業要設法勸說消費者購買更多的產品，或透過改變一般消費者對產品的感受來對品牌進行重新定位。
改良產品	產品改良包括提高品質來恢復銷售、改變風格，或者開發產品新的特性。只要消費者感到這些變化是實在的，而且是與之直接相關的，那麼這一策略將非常有效。
改善行銷組合中的其他變數	最後，文化企業可以有選擇地調整行銷組合中的其他變數，如：降價。透過強而有力的促銷活動佔領市場，如：舉行競賽、提供禮券；或轉向密集型的分銷通路，如：實行庫存打折等。

4. 衰退階段（Recession stage）

毫無疑問，衰退是每個文化企業最難處理的問題。事實上，文化企業可能無法判斷產品是否已經真正進入衰退階段或只是暫時銷售不景氣，只有對情況進行詳區隔析才能找到問題的答案，即便如此，也無法保證此一答案的準確性。

衰 退 期 的 判 斷 與 分 析	
判斷的重要性	判別銷售暫時下降和永久下降的重要性絕對不能被低估。這個不確定性將導致不同的決策，特別是當產品在市場上存在相當長的一段時期之後。
感情因素影響判斷	同樣，在這類決策中，人為因素的影響也不能被低估，感情因素或反對終止方案會使促銷者堅持原來的方案。

衰退期的銷售戰略	文化企業希望將它的產品賣出貨架，或維持現狀，或採取集中銷售戰略——亦即集中力量於最能獲利的區隔市場和分銷通路之中。文化企業也可以選擇使用擠壓戰略，即降低促銷成本，讓產品「隨意漂浮」，進而獲得短期利潤。
替代性技術產品的出現	在分析衰退階段的主要指標時，存在著優良的替代產品。一旦優良的替代品無法被超越並對市場造成極大的衝擊，衰退期就將很快到來。CD幾乎完全消滅卡帶的使用就是關於這種徵兆的極好範例。
非替代性技術產品的市場共存	除了替代性技術產品對老產品的滅絕性衝擊之外，還有一種新舊技術的共存時期或產生市場分化。如：最初有人認為電視的出現將宣告廣播的滅亡，然而事實並非如此，廣播在計程車上、捷運乘客和在晨操的人群中找到生存的空間，更發展出網路廣播和播吧互動新景象。在任何無法觀看電視機的場合，都是廣播的使用空間，註定要出現長期共存和市場分化現象。

　　分析文化產品生命的三個不同時期，對我們創意和設計文化產品在市場和技術方向上，以及在文化企業的經營戰略上都會有一定的幫助。

第三節　文化產品的原創設計與開發

　　大型文化生產企業都有專門從事新產品工作的部門。研究和開發部門（簡稱研發部）特有的任務是對於開發新產品的創意設計，其所需資金來源是文化企業賣掉產品所獲得的利潤。大型文化企業要面臨一個事實：它們必須將一定規模的資金投入到研發部門，以確保未來新文化產品和文化企業的成功。

一、文化產品的研究（Research）與開發（Development）

在文化生產企業中，研發部設計的新產品會透過工程、市場及金融方面的各類專家來進行評估。他們透過尚未出售的產品模型或設計在人群中抽樣進行測試，進而獲得來自專家的對於產品開發過程期間的意見。

文化產品開發的管理步驟	
市場調查與論證 （Market research and demonstration）	在文化企業裡，產品常常在開始經歷開發、生產、銷售這一過程，期間的專家包括專業評論家、學術理論家以及一般大眾中的頗有研究的「行家」（愛好與癡迷者）。新產品的研發和生產之前，必須透過市場調查和專家論證。
市場評估與風險最小化 （Market assessment and risk minimization）	對任何文化企業來講，開發和出售新產品無論在何種領域都是一件風險極高的過程。因此要做好風險評估，並確保在可以承受的風險範圍內進行開發。不論哪一個部門，管理者都會透過使用非常嚴密的開發程序來使固有風險最小化。
費用控制 （Cost control）	因為文化產品開發的成本隨著每一步驟的進展不斷增加，制訂嚴密的產品研發程序來加以控制，以幫助文化企業儘早發現不成功的項目，進而節省大量資金。

在文化產品研發中，需要一系列的控制步驟和工作流程，我們用下圖來反應這種管理控制流程。

文化產品創意與研發的管理過程

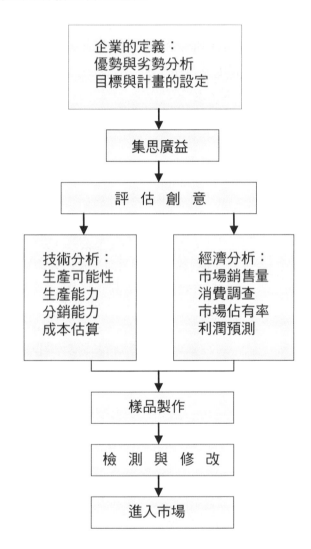

二、文化產品研發的風險

「風險」是指始終不能滿足消費者或不能達到市場目標或是文化企業財務目標始終不能實現的可能性。

下面三個因素決定文化企業所經歷的高風險，尤其是那些創意性很強的藝術品製作公司：

文化企業高風險的三個決定因素	
事先檢驗新上市產品的不可能性	為了和目標保持一致，許多文化企業不得不在尚未事先檢驗的情況下使新產品進入市場。很明顯，探查文化消費者產品的反應意味著文化企業在銷售之前要估計製造成本或促銷費用。而且，一旦上市，文化產品就不能被更改。
預先計畫的有限的生命週期	文化產品固有風險的第二個特性是產品在撤出市場的時間已經被預先決定。如：展覽會，展覽的場館租期是預先限定的，延長的代價可能很高，甚至根本無法延長。
無法儲藏產品	文化領域所經歷的第三種風險是產品不能被儲存，許多文化產品所具有的這一特徵在很大程度上影響競爭的本質。

以上所提及的所有因素證明文化企業是一個高風險的經營部門，從這一角度講，它們與其他領域的商業機構是相同的。文化產品的行銷人員要在不能事先檢驗的情況下為新產品的創作進行大量的投資，他們要清晰地瞭解存在的市場風險。

第三章　文化產業市場概述

　　文化產業所服務的市場各有不同，但是大體可以分成幾個部分，這裡將把它分成四大塊：產業消費者市場、產業分銷代理市場、政府機構合作市場和產業贊助商市場。透過確定這些市場分類，我們可以明白文化企業如何對每一個市場制訂明確的戰略。

　　市場負責人要瞭解哪些元素影響著市場，必須用一種更加寬廣的視野來看待行業競爭。由產業分工所造成的競爭是全球化趨勢，迫使文化機構和文化企業發掘其自身潛在的競爭優勢，並利用這種競爭優勢來確保自身生存和發展。

第一節　文化產業市場概念

　　一家文化企業的目標不只是要瞄準一個文化產業市場，可能會服務於四個不同的市場：盡可能多的產業消費者市場、產業分銷代理商市場、政府部門市場以及產業贊助商市場。實際上，不同的市場都要適應於不同的誘導因素。每種市場的決策者應當仔細地調查與研究，以便文化企業能夠為每個不同的市場做出相對應的行銷戰略。

一、文化產業市場（Cultural industries market）的定義

　　文化產業市場是市場的有機組成，是市場中的其中一個行業市場。文化產業市場的定義由三個方面的表述組成：

文 化 產 業 市 場 的 定 義	
從表現形式上講	文化產業市場是文化產品、文化服務以及文化資源行銷活動的場所。如：書店、畫展、影劇院等都屬於文化產業市場的組成部分。
從內容實質上講	文化產業市場是指文化產品、文化服務以及文化資源交換過程中所反映的各種經濟關係的總合。如：文化產生者、文化經營者與文化消費者之間的交換關係、供求關係以及經營關係。
從消費主體上講	文化產業市場是人口基數、購買力（經濟基礎）、購買意向諸多要素的統一體。如：消費者的性別、年齡、經濟狀況等。

二、文化產業消費市場（Cultural industries consumer market）

文化產業消費市場由購買具體文化商品或文化服務的個人或組織組成。

文 化 產 業 消 費 市 場 的 特 點	
文化產業消費的多樣性	不要指望一種文化產品會被所有人喜歡、接受並消費。但是，由於文化產業市場具有極為複雜而區隔的特徵，因此它有多樣化的特點。如：假設把某個文化產業市場視為一個整體，那麼可以說幾乎百分之百的人口消費這種或那種的文化產品。
文化產業消費市場的區隔	當然，在其中的每一個具體的文化領域之內，文化消費群體的確立要取決於文化消費者的興趣，這種情況進一步加劇文化產業市場的區隔。文化產業消費者為了獲得它所希望得到的那一類型的文化產品，就會在多種多樣的文化產品中做出明確的選擇。

社會觀念趨勢的影響	依據各種區隔市場而造成的消費者群體在時間和空間上的分佈存在著很大的不同。文化產業市場承受著並同時也反映主導性的觀念、流行趨勢、個人喜好以及社會特徵的巨大影響。
人口變數的影響	其他社會人口學的變數同樣與文化產品的消費有關。這些變數包括個人收入水準（高收入者往往屬於第一層次，而低收入者往往只能進行第二層次的文化消費）、職業類型（白領階級屬於第一層次，而藍領階級屬於第二層次）。

三、文化產業分銷市場
（Cultural industries distribution markets）

決定使用代理商對一家文化企業來說可能是出於戰略上的考量，如：文化企業受到資源的限制，或是由其產品消費方式的特殊性所決定。產業分銷市場就包含這些代理商和仲介機構，文化產品的行銷過程包含三個步驟：

文 化 產 品 行 銷 的 三 個 步 驟
1. 文化企業要和代理商或仲介機構建立良好的合作關係，在產品推出時予以配合。如：圖書銷售、展覽會、文藝演出等。
2. 代理商要定位好這一地區潛在的消費者。通常，產品行銷籌畫者會制訂一個具體的戰略來吸引代理商，並且預見性地使用一些有助於承辦者或促銷者向最終的顧客進行銷售的促銷方法。
3. 媒體廣告的支援。新產品的推出，想要獲得最佳銷售業績，媒體的廣告支援是少不了的，透過媒體廣告，或新聞報導，吸引更多的消費者參與消費，是文化產品行銷的重要方法。因此，在完成上面的兩個步驟之後，第三步就是媒體宣傳了。

四、與政府機構相關的文化產業市場

「政府機構」一詞在這裡是指不同級別的政府機關和部門政權——國家級政府機構、省市級（地區級）政府機構以及縣市級（當地）政府機構，這些政權機關都以各式各樣的方式對文化企業加以支持和資助。

文 化 企 業 與 政 府 的 合 作	
認識到政府在文化產業市場中的重要性	在大多數西方國家，各級政府在文化部門中佔據著統治地位。有時，政府的角色是文化的消費者，有時政府會介入各種文化活動中，這種介入的身分從簡單的文化企業合夥人到掌握和控制國家文化發展的贊助者。
積極與政府合作	政府不僅是文化產品經營許可的授權人，而且可能成為投資者。因此，文化企業要明確自己的戰略使政府的決策者成為自己的合夥人。
與同行之間的競爭	這種類型的文化企業也將面對該地區同一領域的其他文化企業的競爭。每個這樣的文化企業都在努力獲得更多的政府財政支持，同時，與政府取得合作也意味著將會佔有更大的具體的市場空間。
政府贊助資金的再分配	由於在文化領域裡的預算總是不能完全滿足整個文化部門的需要，新文化企業的建立或者業已存在的文化企業的成功，都意味著政府對文化企業的資助預算重新再分配。
關注政府計畫	有幾種政府代理機構，它們透過各式各樣的財政資助來幫助和促進文化組織、文化企業的發展。有些計畫是為了文化基礎建設而準備的，有些是為了一些特殊文化項目的完成而準備的，當然還有一部分是為了文化企業自身的運作行準備的。

五、贊助商（Sponsors）、
事業性行銷和捐贈市場（Donations market）

　　贊助商和募捐市場包括：樂於為文化產業機構提供資助的個人、基金會以及私有企業。這是一個特殊的市場，在這一市場中，文化企業為了得到潛在的高回報率的市場銷售量而不得不面臨不同文化企業之間的激烈競爭。另一方面，贊助商和資助者們會採用來自從政府到消費者方面的不同標準而做出資助決定。每一位贊助者都有自己特有的標準來選擇其資助的企業。

資助通常有兩種形式	
捐獻或捐贈	捐獻可能會由個人、基金會或文化企業進行，贊助則主要由文化企業提供。捐獻或捐贈通常屬於慈善行為
贊助活動或贊助產品	做為一種替贊助文化企業進行宣傳、廣告的交換行為，贊助是為該文化企業促銷的開始，贊助的實施是贊助者要提前考慮這種促銷活動是否能夠帶來充分的收益，文化企業贊助商接下來要對其投資的執行做出判斷，這種判斷取決於贊助商寬闊的視野、高超的意識以及其所使用的接觸方法——亦即消費者收到資訊的數量。

　　那些贊助文化活動的文化企業始終是在尋找有聲望的廣告媒體。而面對媒體的爭奪，文化企業也是不斷在尋找一種更加省錢而有效的途徑來傳達它們的資訊和影響，以圖獲得最大可能的成功——在這種情況下，贊助是滿足雙方需求的有效方式。

第二節　文化產業市場需求

　　任何文化產品都要基於市場的需要而產生，而滿足於產業市場需求的文化企業也因此而互相競爭，盡可能地獲得較多的市場銷售量，文化企業會根據不同的

市場需求形態，又會使市場需求產生進一步的分化，進而細化市場和區隔產品。

一、文化產業市場需求
（Cultural industries market demand）的定義

特定文化產品的市場需求是一種以數量或金錢來實現購買的體現。根據所需及所能夠得到數量的多少，需求可以用定量單位（數量）來表示，也可以用錢（元）來計算。由此來估算市場需求的銷售量與大小。

文 化 產 業 市 場 需 求 的 定 義	
文化產業市場需求與行銷文化企業需求	文化產業市場需求（MD）和行銷公司需求（CD）通常被認為是獨立的。行銷公司需求往往是以定量或者是以錢來購買特定文化企業生產的一種產品而表現的；市場需求則包含所有的行銷公司需求。
市場需求與文化企業需求的關係	市場需求＝所有行銷公司銷售數量的總合： MD=∑ CDi
單一行銷公司的需求與市場需求不成正比	由於文化產品的市場需求（MD）包括所有的單一的行銷公司需求（CD），整個的市場需求狀況就顯示出某種趨勢，而某個行銷公司的需求有可能正好相反。如：某年內對於整個圖書市場需求可能有很大的增長，而同一時期某一特定出版公司的需求量則有可能是直線下降的。
環節上的需求評估與計算	從設計（或創意）、生產、分銷到消費的整個鏈式環節中，對每一不同環節需求進行的評估是可行的。在這種情況下，具體環節的需求就相當於各個環節中以定量或金錢來核算的需求單位或價值。
人為刺激市場需求	有時候，幾家文化企業會和「合夥人」聯合起來刺激整個市場的需求。這些文化企業假定整個市場總需求的增長是可能的，而且能夠給其中的每家文化企業按照其在市場中不同的地位和銷售量帶來利益。

二、文化產業市場銷售量

（Cultural industries market share）

　　這裡所定義的文化產業市場，包含所有消費一定文化產品的個人或團體。每一家文化企業、文化組織都會鼓勵它的區隔產業市場去消費它的文化產品，以便獲得一定的需求銷售量。

　　文化產業的市場銷售量可以用以下文化企業來標示：

文化產業市場銷售量＝文化公司需求（CD）/文化市場需求（MD）

　　舉例來說，如果某文化企業銷售額為40萬美元，它與其他文化企業總提供的文化產業市場總價值為100萬美元，那麼該文化企業的市場銷售量是40％（下圖）。這一資訊是極為重要的，因為它能使一家文化企業跟其他文化企業進行比較，進而確定自己在競爭中所處的地位。

市場銷售量比例圖

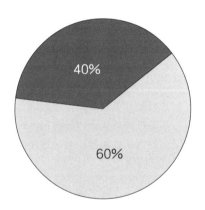

三、文化產業市場需求形態
（Cultural industries market demand patterns）

對某一文化產品的需求可以從兩個利益點來考量：現實的和潛在的。每一種情況又分為三個時期：過去的需求、當前的需求以及預期的需求。

文 化 產 業 市 場 的 需 求 形 態	
實際需求 （Actual demand）	文化企業實際存在的需求與該文化企業某一特定時期的銷售額相適應。它同樣也隱含著產業市場需求，因為市場需求也是在某種特定時刻——無論是當前的還是過去的——衡量需求的尺度。 透過衡量過去幾年需求的演變情況，就有可能獲得有關一個部門、一個行業或一家文化企業發展活力的歷史背景資料。同時，文化企業或產業市場未來的需求水準也因此可以被預知。
潛在需求 （Potential demand）	潛在需求是在一定環境下文化產品可以達到的最大程度的銷售量。那些目前沒有但是有可能會去購買特定產品的消費者被稱為潛在的消費者。 文化生產者總是儘量說服這些潛在的購買者去試用他們的產品以增加銷售量。

文 化 產 業 市 場 需 求 分 析
1. 實際需求通常比潛在需求要少，因此文化企業總是希望增加銷售量或產業市場銷售量。如果實際需求和潛在需求相等，那麼就可以說產業市場達到滿足點，達到飽和，之後產品就進入週期性成熟階段。
2. 任何銷售方案都要考慮到可預料的競爭行為和預測中的潛在產業市場的演進。行銷負責人們都會希望潛在產業市場及文化企業銷售額都在增長。另一方面，當產業市場的潛在需求下降時，文化企業要預想到保持市場需求水準和市場銷售量的艱難狀況。
3. 這種概念不僅適用於對於需求的分析，同樣也適用於對於整個市場的分析。市場也被看做為由現存的和潛在的產業市場所組成，或者說，產業市場也可以從過去、現在和未來三個層面去衡量。

第三節　文化產業市場競爭

不管對關於文化產品消費的競爭概念做怎樣的論述，首先必須要做的是，應該將文化產品置於一個非常宏觀的背景或環境之中，某些文化產品不僅要與其他文化產品進行競爭，而且還與同樣用以佔據業餘時間的各式各樣的產品競爭，諸如體育產品、其他運動類的產品、旅遊產品以及補習教育類的產品。

一、文化產業市場的競爭類型
（Cultural industries market competitive types）

文化產品主要有五種基本類型的競爭：

文 化 產 業 市 場 競 爭 的 五 種 基 本 類 型	
1. 同一類文化產品之間存在著競爭	地區性的市場之內存在著這樣的競爭，如：不同的大學在相同專業上的競爭、不同的出版文化企業在同一類書籍上的競爭。
2. 不同種類的文化產品之間也有競爭	由於興趣的吸引與轉移，使不同類別的文化產品產生競爭。如：讀書和電視節目之間對觀眾的競爭。
3. 文化產品和其他休閒產品間也可能存在競爭	由於休閒時間的問題而出現的競爭。如：百貨公司週日優惠促銷活動與週日圖書展覽會之間的競爭。
4. 外國文化產品與本地文化產品的競爭	隨著全球文化大融合趨勢的不斷進展，文化產品競爭也日趨全球化。消費者對於外來的文化產品通常都會保持著好奇心和嘗試心，這對於本地產品就會造成強烈的衝擊。如：美國好萊塢大片與本土電影之間的競爭。
5. 新文化產業形式與舊文化產業形式之間的競爭	科技高速發展，新型文化產業也不斷產生，於是產生新舊產業之間的競爭。如：紙質讀物與網路電子讀物之間的競爭。

二、文化產業的區隔（Cultural industries subdivision）

除了全球化競爭趨勢，另一種可能加劇競爭的趨勢是產業（或行業）區隔化。文化產業也同樣面臨這一情況。

1. 產業區隔的原因

市場專家提出五種可能導致產業分化的壓力源（Pressure source）──五種壓力威脅，它們是：

產業分化的壓力源	
行業內部競爭	同行業文化企業之間的競爭，也是最直接和最激烈的競爭。
新加入者	如：剛剛進入該行業的新公司。新公司在起步時對同行的威脅通常不大。
供應商	供應商有選擇銷售商或分銷商的權力。通常會選擇合作良好、銷售業績好的公司。
購買者或消費者	消費者是最終的上帝，是文化企業最大的壓力源。
替代性的產品	高科技替代性產品的問世，對老舊產品的衝擊是巨大的。

其關係圖如下：

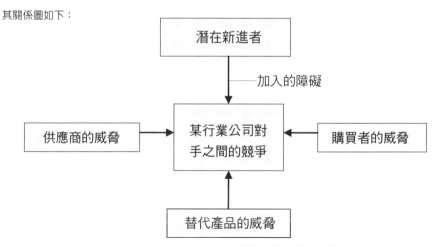

資料來源：麥可‧波特(Michael.e.Porter)1980.

產業形成區隔的三個前提條件是：

產 業 形 成 區 隔 的 三 個 前 提 條 件	
競爭對手比較弱小，但是數量眾多	螞蟻雖然弱小，卻經不起數量眾多，面對眾多中小企業時，也會感到巨大的壓力。如：出版機構面對眾多書商產生的競爭壓力。
阻止競爭對手進入該產業的障礙很小	因為技術含量低，投資門檻低，很難阻止新的競爭者加入，不斷加入的競爭者使整個行業壓力增大，出現產業分化。如：手工藝術品行業。
供應商或消費者已經控制該產業的文化企業	其中最後一個尤為重要，亦即當文化企業已經幾乎沒有消費者或供應商時，供應商或消費者強大到足以為該產業制訂行規，並且能夠使競爭者們處於極其弱勢的地位以便從中獲取這一權力帶來的好處。如：博物館等公共文化設施。

除此之外，如果一種產業領域或部門的擴展緩慢，文化企業之間產品差別不大，那麼，對於不能擴張的小文化企業來講，競爭將是致命的。通常的結果便是永無休止的價格戰，最終危及競爭者們自身可能性的獲利，同時導致破產。

2. 導致行業區隔的因素

市場專家列舉十六個阻止集中或兼併的因素。其中的任何一個因素都足以導致行業的區隔。

十 六 種 阻 止 集 中 或 兼 併 的 因 素
1. 新興文化企業進入該行業幾乎沒有什麼障礙。
2. 該行業經濟規模還比較小。
3. 高額的運輸費。
4. 儲存成本或銷售量的劇烈波動。

5. 與消費者或供應商打交道時處於規模方面的劣勢。

6. 在重要的經營領域成本花費巨大。

7. 對至關重要的經營項目開支過低。

8. 適銷對路的產品可以滿足不同的市場需求。

9. 產品具有大量的創新內容。

10. 對經營進行嚴格的地方控制和監督。

11. 大量個性化的服務。

12. 只是為了交易而進行地區聯繫。

13. 消除壁壘。

14. 地區性法規。

15. 政府對集中或兼併的限制。

16. 產業的不成熟。

3. 影響文化產業集中統一的四項因素

創意性環節的產業經營，屬於擁有著許多小文化企業之類的區隔化的產業。

影 響 文 化 產 業 集 中 統 一 的 四 項 因 素

1. 文化創意產品市場的區隔，是由於許多新的文化企業比較容易進入該領域或該行業。

2. 文化創意產品的屬性決定規模化經營是不可能的，如：某個音樂工作室、繪畫工作室、圖書策劃工作室等。這些工作室，更多的是需要個人特色的技能和頭腦，而不是規模化單調重複的機械製造。

3. 創意性較強的內容對於文化企業來說是至關重要的，事實上這也是較為靈活的文化企業主要而突出的特點。

4. 「消除壁壘」可以解釋為什麼許多創意家寧願苦苦勞作、掙扎於現實生活中而不願退出創意領域，因為他們對於創意文化的執著和獻身才使得他們的雇主（文化企業）得以生存下去。

處於行業分化中的文化企業要準確地為自己定位，以便從大量同類文化企業中脫穎而出——換句話說，就是從競爭中脫穎而出。因此，競爭優勢原則就顯得極其重要。

三、競爭優勢原則
（The principle of competitive advantage）

　　廣義上的競爭包括全球化競爭（Global competition），這種巨大的壓力迫使所有的文化企業要明確並使用它的競爭優勢原則，以便使自己在消費者眼中顯得與眾不同。

競 爭 優 勢 原 則	
給文化企業準確定位	任何文化企業要立足市場，必須定位準確，這樣可以使自己最後脫穎而出。
獨特的產品和服務	這種有力的位置只能透過突出於文化企業或產品的一些獨特的內容來實現，這也是其競爭優勢的原則。當然，這些內容必須被消費者積極地瞭解。
有吸引力的定價策略	所謂優勢，它可能是一種產品特徵、一種促銷方法、一種採用分銷網路的不同方式或一種具有吸引力的定價策略。
獨特的生存空間	文化企業要找到它自己的獨到而適合的生存空間，以便將來能夠在競爭中超越其競爭對手。

第四節　文化產業市場與宏觀環境變數

　　宏觀環境變數（The macroeconomic environment variables），或者稱之為不可控制的可變因素，對於市場和文化企業、組織的生存都有著持續性的影響。文化

企業有時不得不對他們無力控制的巨大變化採取調整措施。在宏觀環境中，有五
種主要的變數：

宏 觀 環 境 的 五 種 主 要 變 數	
人口環境 （Population Environment）	人口統計學在市場中起著關鍵的作用，因為人口的變化可能意味著需求的上升或下降。在某一個地區之內人口是如何分佈的？那個年齡層的群體佔優勢？有哪些民族在此居住？這些是影響市場行銷的幾個重要人口環境要素。如：不同年齡層的人對不同文化產品的興趣不同。
文化環境 （Cultural Environment）	社會的價值觀，又稱文化環境，它在文化產品的行銷中扮演著主要的角色。價值觀發生變化，人們的消費習慣也隨之發生變化。因此，對於我們的祖父輩來說不可想像的事情在今天看起來已顯得極為平常。如：今天年輕人的價值觀念與上一代人大不相同。
經濟環境 （The economic environment）	和個人一樣，文化企業也要應付各式各樣的經濟環境。通貨膨脹、失業以及經濟衰退，這些辭彙如今都成家喻戶曉的用語。如：在經濟衰退時期，對文化企業的打擊是最大的，幾乎沒有什麼潛在的文化消費者，因為文化產品消費本身就是個奢侈品，是精神消費品，人們首先滿足物質需要，才會考慮精神需求。
政法環境 （Political and legal environment）	法律和規範是另外一個重要的變數，因為政府的行為可以從根本上改變某項產業的面貌。對文化產品價格徵收的直接稅有可能會降低需求。政府干預或政府行為也可能有積極的意義——如：制訂稅收措施或政府公益設施來刺激圖書產業的發展。
技術環境 （Technology environment）	每家文化企業都受到技術環境的影響。科學的觸角已經延伸到幾乎所有的領域和地區，並且取得巨大的進步，產生諸多的發明。科學技術同樣對文化領域產生強大的影響。如：網上閱讀對紙質圖書出版產業的衝擊。

以上就是影響產業消費市場的五種宏觀環境變數，我們可以看出，這五種宏觀的環境變數實質上已經涵蓋社會宏觀環境的種種方面，它們相對獨立且有機統一地影響著產業消費市場。

第四章　文化產業市場中的消費行為變數

文化消費（Cultural consumption）行為是指文化消費者諸多行為的總和，而非單獨的一種行為，這裡之所以用「文化消費者」這一詞的複數形式──「文化消費群體」，是因為文化消費市場是由那些具有各式各樣需求的諸多消費者組成的，而一般說的單一的文化消費群體是指在整個宏觀的市場裡存在著一個獨立的，且具有代表性的消費群體。換句話說，說的某一位讀者，也就是指該類產品的所有的消費者（讀者群體）。

文化消費者做出消費行為決定的過程在很大程度上受制於三種主要的變數：

與消費者自身直接相關的因素、購買環境或背景、消費者正在關注的產品狀況。

這三個變數組成「三大基本要素」。本章的大部分內容將探討消費者的消費決策過程，以及在實際生活中文化消費者選擇使用資訊的多種方式或途徑。

第一節　文化消費行為的基本要素和動機

消費者行為的基本要素之一就是「個人、產品、環境」的基本三要素。這一基本的原理決定只有當消費者、被購買的產品、購買的環境都被充分考慮後，市場的活力或者說區隔市場才有可能被充分理解，也只有到那時極為豐富的和複雜的消費者行為資料資訊才能夠被感知。並在此基礎上產生消費動機。下面分別講述消費者行為的三大基本要素和消費動機。

一、文化產業消費者行為的三大基本要素

我們用下表來表述文化產業消費行為的三大基本要素：

文 化 產 業 消 費 行 為 三 大 基 本 要 素	
個人要素 （The individual elements）	假設有兩位讀者，都是某一作家的Fans，長期地關注該作家的作品，這很容易讓我們想到這兩位讀者的情況非常相似，而將來他們的消費行為也將是近似的。
特定要素 （Elements products）	如果文化消費者是一名忠實聽眾的原因是他喜歡該電台提供的節目，那麼在第一種情況下，這位消費者的決策過程和該電台所提供的節目關係最密切。如：地下電台促銷假藥，經常有聽眾上當購買。
環境要素 （Environmental Factors）	如果某位文化消費者只是想附庸風雅地跟跟潮流，亦即該消費者的決策行為與他的社會生存群體關係更密切（受周圍人影響大），那麼這時的行銷戰略所注重的就不應該是劇碼的選擇，而應該是媒體的資訊以及流行的時尚。

無論一件產品是文化產品還是一般消費品或是某種服務，消費決策過程的複雜性取決於「個人、產品、環境」三個基本要素的不同組合。

要理解消費者的行為是怎樣發生的以及為什麼會發生，那麼就要研究他們的消費決策過程以及消費者個人不同的判斷標準。事實上，如果離開產品個體和消費環境，這些過程是很難理解的。

二、文化產業消費動機
（Cultural consumption motivation）

前面我們曾談到過，除非被強烈吸引，否則消費者不會輕易地做出購買文化產品的決定。動機就是消費行為的核心所在。動機是消費者現有心態與期望值之間的一種不均衡，兩種狀態之間差距愈大，消費者的文化消費動機愈強烈。

文 化 產 業 消 費 動 機	
自身需要 （Their needs）	這種不均衡可能源於消費者自身。如：一位老年消費者也許想讀一本詩集或希望花更多的時間在休閒活動上。
特定狀態 （State features）	也有可能源於特定的狀態。如：聖誕節期間消費者聽到這種節日的聖歌，踩著音樂的節奏就有著強烈的購買慾。
廣告誘導 （considers Induction）	當然還有可能源於促銷的結果。如：廣告可以誘導人們去買一張影碟。
受到邀請 （Received the invitation）	受到親友或客戶的邀請而參與消費行為。如：一起去看電影、參觀畫展、去舞廳跳舞、去歌廳唱歌等。

當然，在更多的情況下，並非所有的刺激都會影響到消費者，他們可能對任何因素無動於衷。

影 響 文 化 產 品 消 費 的 因 素	
教育因素 （Education factors）	因為消費者購買一件文化產品的動機與他的先前經驗和所受教育水準的關係更大。這兩項不確定因素在消費者的決策過程中影響巨大。如：有西方教育背景的人與本地人的文化消費品味不同。
資訊因素 （Information factors）	文化消費決策過程的複雜程度與消費者在獲得資訊的廣泛度之間有著非常密切的關係。換句話說，消費決策過程愈是複雜，消費者獲得的資訊愈是多種多樣。如：愛上網的人更傾向於從網路上獲得資訊。

興趣因素 （Factors Macrobiotic）	個人喜歡和不喜歡，是決定文化消費品的一個最重要因素。文化消費品本身就是滿足精神需求的產品，與個人興趣有直接的關係。如：愛好釣魚與愛好看書的人文化消費需求不同。
經濟因素 （Economic factors）	雖然喜歡，但是經濟承受力有限，吃飯要緊，精神享受只好退居其次。當經濟衰退時，整個文化產業的消費都會普遍下滑。如：經濟衰退時期的文化娛樂消費普遍衰退。

　　對於行銷負責人們來說，當消費者關注消費以及消費決策過程比較複雜時，他們要更加周密地分析行銷組合諸要素。

第二節　文化產業消費行為的個體變數

　　文化產業消費行為包括消費者關注所提供的文化產品、消費者的經驗、消費者相關的社會人口統計資料、消費者的個性以及消費者對於收益的追求五種不同的個體變數（Individual variable），這些個體變數直接影響到產業消費者的消費過程。本節將集中分析這五種不同的個體變數。

一、影響文化產品購買的主要風險

　　在所有消費行為的變數中，對於產品的關注是最重要的一個變數。影響文化產品購買的主要風險是：功能風險、經濟風險、心理風險以及社會風險。

影 響 文 化 產 品 購 買 的 主 要 風 險

功能風險 （Functional risks）	在文化產品當中，功能風險對消費者行為的影響最大。具體講這種風險就是產品不能滿足消費者最大可能的期望值。這種風險在服務行業和文化領域是非常普遍的，因為這些行業和領域不允許消費者在購買產品之前去測試或體驗產品，尤其是娛樂體驗型的文化產品，如：影視、旅遊等。
經濟風險 （Economic risks）	這是最容易理解的一種風險：產品愈貴，消費決策過程就愈複雜。當然，這層關係會被消費者的收入水準所大大弱化，但是總開支還是會產生影響的，如：停車是否方便、孩子是否會得到很好照顧等。與功能性風險聯繫起來，經濟風險就可以解釋（至少是部分解釋）為什麼很多人寧願待在家租錄影帶看也不願跑到劇院或電影院去。
心理風險 （Psychological risks）	這種風險在消費文化產品時是經常會經歷到的。具體來講，心理風險意味著你購買和消費的文化產品和你想像中的產品大相徑庭。也許消費者不敢正視潛伏在內心的某種情感或者不想去劇院觀看暴力片；身有殘疾的人也許不願意做優美的芭蕾舞蹈演出的觀眾。跟另外幾種風險一樣，心理風險增加消費者的消費決策過程的複雜程度。
社會風險 （Social risks）	心理風險與個體消費者本身的形象和內心感受有關，而社會風險則與社會上別人的形象、觀點有關。如：某些人預訂歌劇票、看歌劇是希望使自己像高雅的社會階層人士中的一員，並不是為了真正喜歡欣賞它。 相反，一些消費者可能僅僅是因為想避免他們的朋友和同事反對就放棄文化活動帶給自己的樂趣。當然這種風險不是對所有消費者而言的。事實上，社會風險只在大家易於感受的消費環境方面以及對周圍社會環境比較敏感的消費者身上起著作用。

二、產業消費者個體變數因素

產 業 消 費 者 個 體 變 量 因 素	
消費者的經驗	如同消費關注一樣，經驗對消費者消費決策過程的複雜程度也有著很大影響。經驗愈是豐富，消費決策過程就愈短。如：影迷購票看電影。
社會人口變數	在影響消費決策過程的諸多變數中，社會人口變數可能是眾所周知的一種。如：銷售排行榜進一步引導大眾消費。
消費者的個性	在消費行為中，個性因素的影響是最有趣味同時也是最不確定的變數。行銷專家通常趨向於認為，一個獨立的消費者在個性因素起較大影響的情況下，可能或更喜歡搖滾樂而不是歌劇，或者他往往喜歡絕對放心的產品，而其他人則比較喜好新奇的或革新的產品。
消費者對於收益的追求	追求收益的理念能夠使經營管理者們理解顧客的消費決策過程的結構，進而也知道如何去選取行銷組合的要素，確定市場賣點。不過，只有消費者確實在考慮這些利益時，這一對消費者收益的分析才是有效的。
非理性情感因素	消費者的消費決策過程很多時候不一定是由考慮他們的收益得失而形成的，很多時候他們不能標示所想要得到的利益，而是受到情感和感官刺激而形成的消費慾望。如：節日文化消費。

第三節　文化產業消費行為的決策過程

　　前面對不同消費要素的說明為我們提供一個基本的框架結構，它可以使我們理智地分析、解釋消費者購買或消費文化產品的消費決策過程的類型。

事實上，消費者的決策過程各有不同，我們下面把這些不同的決策「流程（Processes）」彙集起來，分別加以說明。

消 費 行 為 中 的 決 策 過 程	
態度 （Attitude）	消費決策過程取決於消費者的態度，態度是一種特別有效的機制，它使得消費者運用有把握的先前經驗以及順理成章的個人判斷，以便簡單、快速、有效地做出決定。
理性過程 （Rational Process）	對於需要關注度特別高的文化產品而言，沒有經驗的消費者傾向於運用消費決策理性（逐步認知）的過程。透過權衡每一種選擇的理由以及透過評估每一個基於哪些理由的選擇收益，客觀地、理智地獲得一個最佳選擇。
被動性的過程 （Passive Process）	如果消費者缺乏或者自己認為缺乏時間和能力去收集和處理有關產品的資訊，那麼他通常會選擇一個非自主過程——亦即被動決策的過程。此時，消費決定往往是在模仿別人、被推薦或是順從別人意志的基礎上做出的。
情緒化的過程 （Emotional Process）	① 面對一些文化產品的獨到及新穎的特性，許多消費者的理性判斷也會被極其情緒化的衝動所替代。 ② 經驗是一種快樂、滿足的感受。在消費決策過程中，總體經驗強烈地依賴著情感因素（愛、恨、歡喜、厭倦、疲憊等等），而不是依賴那些關於文化產品特性和收益的理性因素。
習慣 （Habits）	習慣是消費者使用的另一種決策機制。習慣性的決策有些類似於態度決策，它可以使消費者很快地做出消費決定。與態度決策的區別在於，習慣以極小程度的文化產品關注為特點。習慣為消費者選擇購買、消費一種或一類低風險文化產品提供便利的、常見的方式。
購買衝動 （Impulse buy）	在消費者決策過程中，購買衝動以較低程度的關注和較少的經驗為特徵。這些購買行為通常毫無計畫性，其結果也往往不被看重。有時候，文化產品的擺放位置或是包裝顏色就足以使消費者產生購買的衝動。

第四節　文化產品消費行為的環境變數與資訊處理

　　消費決策過程以及有關的資訊處理策略，常常會被某種不確定因素──環境變數所影響，如：時間、時機、消費者的經濟狀況……等等這些環境變數，都直接影響著消費者資訊處理的時效性、準確性以及經濟上的可行性，進而影響著消費行為的決策過程。

一、消費行為的主要環境變數（The environment variable）

　　主要的環境變數包括：做出購買的時機（月、日、季），可供消費者支配的時間，是否存在參照性的消費群體、經濟環境，以及做出決策的地點。

主 要 的 環 境 變 數	
時機 （Timing）	消費者購買行為的週期影響著消費決策過程。如：12月寒冷天氣會鼓勵消費者為聖誕節買些東西。
時間 （Time）	消費者可以用來做出消費決策的時間量同樣影響消費決策。如果時間不夠，消費者會更多地依賴過去的經驗，或別人的指引──被動性地決策。如：有時間日程的體育賽事。
參照群 （Reference Group）	是否存在或缺乏參照性的消費群體也影響著消費決策過程。當一位消費者意識到他或她周圍的一些消費信號就要做出一個消費決策時，該消費者身邊的參照群體或有影響力的個人會驅使他或她依賴別人的引導做出購買決定。如：受到朋友圈的影響。
經濟環境 （The economic environment）	經濟環境同樣也發揮著重要作用。如果某位消費者處在經濟蕭條期或是對經濟形勢反應非常敏捷，他或她就會趨向於更看重價格因素的理性決策過程。如：失業因素。
地點 （Location）	自然環境也是另外一個影響消費者對消費決策過程選擇的因素。這一變數尤為重要，因為自然環境中感性和理性刺激因素的出現與多寡也決定著消費過程的選擇。如：身處旅遊地點時，更傾向於購買當地旅遊文化產品。

二、資訊處理（Information Processing）

　　我們透過下表來描述以上提到的那些消費決策過程之間的關聯，消費者處理資訊的不同方式以及可以採取的主要行銷戰略。

主要的資訊處理方式和最終決策				
消費決策過程	資訊處理程度	資訊的性質	外部資訊的類型	主要行銷戰略
態度	有限	主要為內部資訊，以經驗為基礎	強化消費者態度的文化產品品質和特性（偏愛的感性）	從消費者這類積極態度獲益的文化企業：強化消費者的肯定態度，提高其滿意度。其他文化企業：在消費者決策過程中引入轟動性的內容並使之涉險嘗試。使消費者意識到有必要採取其他類型的消費決策。
理性過程	大量的	主要為外部資訊	使所期望文化產品或服務的實用價值最大化的特性	為消費者提供和介紹他們所要得到的而且比較有用的文化產品特性。
被動過程	有限	主要為外部資訊	消費者認為可信的參照內容或觀點	依靠模仿、參照、順從的機制，擴大消費人數。
情緒化過程	有限	外部資訊	引起感覺（害怕、歡樂、放鬆等）反應的印象和情感因素	基於文化產品的象徵性價值和消費者投入的情感，主要運用溝通戰略。

習慣	非常有限	內部，主要以經驗為基礎	被動地搜集資訊；消費者本身並不主動尋找資訊	對已經形成消費其文化產品習慣的文化企業：盡力保持消費者的這種被動性，並確保文化企業產品或服務隨時供應。
衝動購買	有限	外部	非主動尋找的資訊	提供的資訊要吸引消費者，因為消費者不可能會主動地尋找資訊。行銷負責人必須製造引起消費者注意力的事件或活動。

　　有效地掌握消費者在購買文化產品期間的消費決策過程，就為行銷負責人提供關於消費者如何處理他所收集的資訊的情況。這樣，行銷負責人就可以為特定的商品選擇更適當的行銷戰略。

資 訊 處 理 的 好 處
1. 更好地進行市場區隔。
2. 對文化產品在競爭環境和目標區隔市場中的定位更準確。
3. 選擇更合適的分銷模式和網路。
4. 建立起不僅僅是基於成本和競爭對手價格，而且基於目標消費群體感覺的價格體系。
5. 開發溝通戰略，透過最合適的方式為消費者提供他們所需要的資訊。

　　行銷負責人要正確把握消費者在購買其文化企業產品時資訊處理的體系、模式。對這些資訊處理模式和過程的正確瞭解，會促使經營者的行銷戰略最優化。

第五章　文化產業市場的區隔和定位

現代文化企業規模無論多大，都不可能佔有人力、財力、物力、資訊等一切優勢，成為所有文化產業市場的開拓者和利益享有者。同時，如果資源過於分散，可能會在很大程度上影響文化企業能力的有效發揮。集中優勢資源，在特定目標市場建立突出文化企業能力的競爭優勢是有效市場競爭的現實方式。伴隨著文化產業市場行銷模式由大量市場行銷轉向差異化市場行銷，再轉為目標市場行銷的過程，文化企業的競爭戰略也出現明顯的轉型，由追求對大眾市場的全面覆蓋到追求對目標市場的規模化滿足，目標市場行銷成為當前的主流行銷模式。

文化企業在進行目標市場行銷的過程中，必須要做好兩項重要的工作：一、市場區隔（Segmenting），二、市場定位（Positioning）。

第一節　對區隔市場的概念

文化產業市場區隔是指文化企業根據消費者之間需求的差異性，把一個整體市場劃分為若干個消費者群體，進而確定文化企業目標市場的過程。文化產業市場區隔是文化產業發展到一定週期的產物，是建立在產業區隔基礎上的競爭行為，同時又是文化企業資源限制和有效市場競爭強制規定的結果。市場區隔是實現文化企業目標市場行銷戰略的起點和現實基礎。本節介紹區隔市場的定義、區隔條件，以及區隔方法，對區隔市場有一個總體的概念和認識。

一、區隔市場（Subdivided Market）的定義

對文化產業市場定義的解釋有很多種，而且不盡相同，但是它們都包含一個

基本點：文化產業市場是由一群具有近似需求的文化消費者——一組文化消費群所組成，這種文化需求是近似的而非完全相同的。

我們可以依據同類的需求將一個市場區隔成許多分支，同時又依據其他區隔市場來提供不同類別的需求，以此方法來分析研究市場。我們甚至可以將「市場區隔」總結為：市場區隔是一種將組成市場的若干個單位分解為若干個亞市場的活動。

二、文化產業市場區隔的理論基礎

市場區隔的理論基礎是「多元異質性」理論，即文化消費者對大部分文化產品的需求是多元的，具有不同的質的要求，這是實現市場區隔的基礎。但是異質和同質是相對而言的，差異為市場區隔提供可能性，而相對的同質，則可以使市場區隔形成規模，滿足區隔的利益追求。

因此，文化產業市場區隔是一個包含兩個層次的分析結構：

即文化產品的同質市場與異質市場。

文化產品同質市場是指那種對某一文化產品的需要、慾望、購買行為以及對文化產業市場行銷的反應相同或者相似的文化消費者集合。相反，如果文化消費者在對文化產品的認知結構、便利性要求、接觸和閱讀的行為習慣等方面存在著差異性，這類市場就是異質市場。市場區隔就是把一個異質市場劃分為若干個同質市場的過程。

三、文化產業市場區隔的效用與依據

　　文化產業市場區隔的基本效用在於透過市場區隔尋找能夠組建文化企業競爭優勢的市場空間，主要表現在以下三個方面：

文 化 產 業 市 場 區 隔 的 基 本 效 用	
有利於深度開發文化企業現有利基市場	文化產業市場區隔可以更好釐清當前文化企業利基市場的需求結構和邊界，有利於文化企業充分瞭解各類文化消費者的不同需求和同類需求的規模與比例，使市場行銷活動的目標變得更加明確，提高活動的投入與產出效率。
有利於文化企業發現最好的市場機會，形成新的市場競爭優勢領域	透過文化產業市場區隔，文化企業可以瞭解市場各部分的購買能力、潛在需求、顧客滿足程度和競爭者的結構與能力狀況，進而能夠及時發現可能的市場機會和問題，及時採取對策，形成競爭優勢。
有利於文化企業用最經濟的投入獲取最大的市場回報	市場區隔的過程可以被看做一個對被區隔出的市場的投資與收益率進行比較的過程，在比較的過程中，那些投資與收益率高的市場領域將會被優先考慮做為文化企業的行銷方向，而那些投資與收益率較低的市場領域就會被放棄。在戰略調整的過程中可以優化文化企業的業務組合，始終保證文化企業擁有高投資與高收益率的市場佔有結構。

　　文化產業市場區隔的基礎是同質市場中消費者需求的差異性，這種差異性產生的結構性變數將成為文化產業市場區隔的基本依據，並構成市場區隔方法的組合因素來源。影響文化消費者的變數很多，共同構成文化消費者獨特的市場需求。其中常常被用來做為文化產業市場區隔依據的是地理變數、人口變數、心理變數和行為變數。

文 化 產 業 市 場 區 隔 的 依 據	
地理變數	主要是指文化消費者所在的地理位置以及城鄉、地形、氣候、交通運輸條件、人口密度、城鎮規模等因素。
人口變數	主要包括年齡、性別、收入、職業、教育水準、家庭規模、家庭生命週期、宗教、種族、國籍等因素。
心理變數	主要是指文化消費者的生活方式、購買動機、個性、社會階層等因素。
行為變數	主要是指文化消費者對某一文化產品的認知、態度、使用情況和反映。

四、市場區隔的作用

　　市場區隔恐怕是市場分析員們最有力的市場分析武器，它具有兩項重要的作用：

區 隔 市 場 的 作 用
1. 運用市場區隔的原理迫使企業不得不系統地分析市場中各種不同的需求，換言之，市場區隔使得企業深入地研究市場以明確需求是在什麼樣的層次上存在著同質性。運用這種分析的結論，行銷業務員就可以決定向針對的一個或幾個區隔市場，或是整個市場發動攻勢。
2. 依據對市場結構的分析可以制訂市場戰略，這種戰略被稱為文化產品定位。一般來說有兩種基本的文化產品定位。 ① 文化產品的差異性定位，即根據競爭對手的文化產品制訂差異性產品的定位。區隔市場的目標常常是一致的，每家企業都會努力地開展一些勝過其他企業的活動──那怕只是很少的活動──來吸引顧客。 ② 根據一個或幾個區隔市場反映出的需求來訂製文化產品。如：各式各樣的音樂演唱或演奏組合就是這種定位的範例：巴羅克音樂四重奏組、電音合奏或合唱組以及完整的交響樂團等等都不是將目標針對同樣的消費者群體的。

五、相對於來自不同區隔市場行銷壓力的變數

在絕大多數市場中，消費者對供應的文化產品會有不同的反應，細化市場是應對不同反應的最好方式。市場區隔有五個最基本的決定性因素：

市 場 區 隔 的 五 個 最 基 本 的 決 定 性 因 素	
購買者／非購買者兩個極端	兩極分化是區分消費者最基本的方法。實際上購買者和非購買者的兩大極端可以被看做是兩個區隔市場，每個區隔市場對行銷壓力有著不同的反應。任何一個市場都包含著至少這兩個相對的市場。這種區隔方法可以幫助企業開發新的文化產品。
購買率或購買頻率	就像購買者市場和非購買者市場一樣，文化產品市場也可以根據消費者相對的消費比率來進行具體的市場劃分。
文化產品或品牌的忠誠度	消費者在購買行為中表現出來的對某一文化產品強烈的消費慾望和始終如一的習慣──亦即對文化產品的忠誠度，往往為分解市場提供極佳的基礎，因為這樣就可以依據消費者對於各式各樣行銷壓力的敏感性來給消費者群體進行分類。
消費者的滿意度	不論購買還是不去購買、購買的頻率是多還是少、對文化產品忠誠度是大還是小，都直接或間接地與消費者的滿意程度有著關係。 對消費者滿意度的分析有利於新文化產品的製作和定位，這些新的文化產品或作品可以滿足那些往往對市面上流行的文化產品不感興趣的消費者。
品牌或文化產品偏好	市場研究人員可以（做為一種理念、一個建議或既成事實）向消費者推廣介紹未來這種新文化產品，以取得他們的回饋意見。如果需要，這種研究還可以用於比較消費者已經非常熟悉的、類似的文化產品。

六、區隔市場的種類

　　市場分類有助於量化區隔市場，並總結區隔市場的特徵。文化產品的市場種類可以進行以下幾種劃分：地理區隔、社會人口區隔、購買心理區隔，以及與消費者本身利益相關的區隔。

文 化 產 品 市 場 區 隔 種 類	
地理區隔	地理位置的不同常常反映該地文化、氣候和環境生態的不同。這種方法使得行銷負責人或研究人員可以開發不同特徵的消費區域，或使消費者的特徵具體形象化。在大的範圍內，大城市和周邊地區的文化產品消費行為是有區別的；城市中心的消費者和周邊地區消費者的文化需求不同。
社會人口區隔	參考所有用以描述和量化社會人口各個方面的變數進行區隔。社會人口的這些變數要素包括年齡、性別、教育程度、收入、民族或種族背景、子女人數、語言、宗教、居住情況和職業狀況等等。
購買心理區隔	根據心裡喜歡來選擇購買文化產品的行為，是一種和個人價值、觀念直接相連的行為，這些區隔變數我們稱之為「心理因素區隔市場」變數，亦即購買心理這一區隔市場的分析方式。
利益相關性區隔	與消費者本身利益相關的區隔，揭示在同樣的市場中存在著不同層次需求的原因。這種方法致力於區隔對同樣的文化產品有著同樣的利益需求的消費群體，因而市場基於所尋求的個體利益或整體利益需求而得以區隔為諸多具體市場。

　　在區隔市場中這幾種方法是可以綜合應用的。深入瞭解目標市場對於任何市場區隔的研究都是至關重要的，在此研究的基礎之上，文化企業才可以運用具體的區隔方法來劃分市場，以便盡可能地發現這一市場的結構以及市場的利潤空間。

第二節　文化產業市場區隔的功能與研究

隨著文化產業市場競爭的激烈，必然走向更加專業化的區隔方向，因此，研究文化產業市場區隔對文化企業的生存與發展具有重大的戰略意義。

一、文化產業市場區隔的功能

市場區隔恐怕是市場分析員們最有力的市場分析武器，它具有兩項重要的功能：

1. 運用市場區隔的原理迫使企業不得不系統地分析市場中各種不同的需求，換言之，市場區隔使得企業深入地研究市場以明確需求是在什麼樣的層次上存在著同質性。運用這種分析的結論，行銷業務員就可以決定向針對的一個或幾個區隔市場，或是整個市場發動攻勢。

2. 依據對市場結構的分析可以制訂市場戰略，這種戰略被稱為文化產品定位。一般來說有兩種基本的文化產品定位。

兩種基本的產品定位	
文化產品差異性定位	即根據競爭對手的文化產品制訂差異性產品的定位。區隔市場的目標常常是一致的，每家企業都會努力地開展一些勝過其他企業的活動——哪怕只是很少的活動——來吸引顧客。
需求差異性定位	根據一個或幾個區隔市場反映出的需求來訂製文化產品。如：圖書的精裝本與平裝本，以滿足讀者的需求差異。

二、文化產業市場的區隔研究

準確瞭解市場的結構是至關重要的，因為錯誤的分析很容易導致以下兩種類型的錯誤，這兩種錯誤一旦被應用到企業的發展戰略之中，將可能敲響企業破產的喪鐘。

錯誤的市場分析導致的兩種錯誤	
錯誤一	在市場還沒有真正區隔的時候就認為市場已經區隔，這將導致企業過早發展新文化產品，而事實上，傳統的文化產品還佔領著市場。
錯誤二	在市場已經發生區隔後仍然沒有意識到，這時還認為市場仍然是鐵板一塊。在這種認知的影響下，企業可能還在生產自以為適用於所有的人但實際上對任何人都不再適用的文化產品，這些文化產品只會積壓倉底，而這時市場已被那些可以滿足區隔市場需求的文化產品所代替。

相反，對市場結構的準確把握將有助於行銷負責人制訂企業的行銷戰略。

市場需求分析	
當市場存在同質性的需求時	企業應選擇無差異性行銷戰略，文化產品的供應限制在一種單一的文化產品或同一種文化產品類型。
當市場存在不同質需求或分類的需求時	企業可以選擇以下兩種市場戰略： 1. 提供幾種文化產品以滿足好幾個不同的區隔市場，這種戰略被稱為「多種類市場定位行銷」或「差異性行銷」。 2. 一家企業也可以將目標集中進入一個區隔市場，進而獲得該市場的大部分銷售量，這種情況被稱為「集中性行銷戰略」。

第三節　文化產業市場區隔的方法與技巧

總而言之，區隔的方法或技巧可以分為兩大類，即：假設法和組合法。

市 場 區 隔 的 方 法 或 技 巧	
假設法 （Assuming france）	運用假設法就是指，先假設一種或幾種區隔描述對於解釋各種變數如需求、偏愛或消費行為是充分的。 1. 這一假設可能來自於包括直覺感受、二手資料和資訊、盈利集中期等廣泛資源。 2. 運用這些收集起來的資料來確定市場是否存在著區隔，是否可以依據所選擇的變數進行劃分。 3. 此方法的缺陷在於行銷負責人所選擇的區隔描述方法只能反映不同層次的需求而無法解釋這種需求。
組合法 （Combination）	組合法就是把異於其他消費族群需求特徵而且存在著近似需求特徵的族群組合在一起。 透過對這些消費群體的比較，行銷負責人就可以確定這些需求和消費行為是否真的不同。如果差異確實存在，某些區隔方法將再次被用到更深入的研究中。 1. 這種方法的優越性：它可以幫助行銷負責人不只是使用假設方式進而找到確定區隔市場的新方法。 2. 這種方法的缺點：與第一種方法相比，在初期獲得比較可信的結果前其週期較長，花費較大。不過，在運用消費心理方法和與盈利相關的方法進行市場區隔時，採用組合法是特別有效的。

不論採用哪一種區隔方法，透過區隔研究所確定的區隔市場都要具備本章第三節中所介紹的五個前提條件。一旦市場被分解，那些分裂出的區隔市場總是具有以下幾個特點：

區 隔 市 場 的 特 點
1. 代表不同層次的需求。
2. 可以用「誰」和「為什麼」這兩個問題來描述區分。
3. 證明或可能證明是有用的和可量化的。
4. 是有利可圖的。
5. 一定時期內具有相對的穩定性。

我們可以透過這些區隔市場的功能狀況來加以討論之。文化產業市場領域裡的行銷人員所面臨的挑戰並不是界定區隔市場，而是為他們特定的文化產品發現相對的區隔市場。而一旦確定區隔市場，行銷負責人就可以進行市場定位，以實施其成功的行銷戰略。

第四節　對文化產業市場的定位

在大眾消費意識中，消費者在購買某種商品時通常會傾向於熟記「第一名」，尤其是在當今資訊氾濫的社會中。因此，文化企業要向目標市場傳遞的資訊應該是可以使目標人群把自己看做該領域內「第一名」的內容，即競爭優勢。它主要有四個特徵：

包括最好的品質、最優秀的服務、最低的價格、最佳的價值以及最先進的技術。

這個向目標人群傳遞文化企業競爭優勢資訊、佔據文化消費者心理選擇列表的「第一位置」的過程，就叫文化產業市場定位。

文化產業市場定位做為對文化消費者心理預期結構（Prospects）首要位置的佔領方式，主要包含兩個層面的含義：

文 化 產 業 市 場 定 位 的 兩 個 層 面 含 義

1. 針對特定文化消費者的價值結構塑造文化產品、品牌、組織的形象，並採取有效方法將該形象傳遞至目標人群的心理預期結構空間；
2. 該形象的傳遞活動貫穿文化產業市場行銷活動的各個環節。

一、文化產業市場定位的內涵

傳統經濟學一般均衡理論的基本前提是完全資訊狀態，即市場結構中的各方對資訊的掌握都是全面的，各方行為都是在對關係發生方資訊的充分瞭解之下做出的選擇。但是，經濟關係各方想要掌握完全市場訊息，做出最優化市場交易選擇，就要為之付出最大交易成本。對市場競爭者來說，會有專門的機構來做這些工作，對文化消費者來說，根本不可能會在掌握所有文化產品資訊之後才選擇。因此在文化產業市場上，文化消費者和文化企業之間實際上處於一種非對稱資訊狀態。文化企業市場行銷首先必須要降低雙方「資訊不對稱」的程度。

文化企業與文化消費者間由資訊不對稱到資訊基本對稱是一般文化企業行銷市場定位的邏輯起點，使文化企業和文化產品資訊在文化消費者心中佔有不可替代的位置則是定位的使命和成功與否的判別標準。因此，文化產業市場定位應該包含以下內涵：

文化產業市場定位的內涵

1. 文化產業市場定位不是致力於對文化產品本身做實質性的改變，而是要使文化產品在文化消費者的使用選擇序列模式中佔據不可替代的位置。

2. 文化產業市場定位要佔領的是文化消費者心理預期結構中的位置，即文化消費選擇序列中不可替代的位置，它的指向規定定位的職能在於資訊傳遞和溝通，是「攻心為上」、降低競爭成本的戰術。

3. 定位既是一種溝通過程，實際上也是對文化企業競爭優勢的展示過程。透過展示競爭優勢使定位進而演進成一種整合力量，使文化企業內部資源和能力向優勢化結構轉化，並使每一個環節都處於這種整合力量的作用之下，提高各個環節運作的效率。

4. 好的文化產業市場定位有利於形成競爭優勢，但是其本身不具競爭優勢。文化產業市場定位的效用如何要看定位是否能夠深入人心，單純定位本身只是提供一種理論上的競爭優勢資源，只有定位獲得目標市場的認可，文化產品才可以形成現實競爭優勢。

二、文化產業市場定位的結構與原則

　　文化產業市場定位由文化產品定位、文化品牌定位和文化企業定位三個層次構成，定位的過程也是多維結構化的過程。這三個層次是相互關聯的層次結構，相互制約、相互支撐、互動互進，構成文化產業市場定位的整體結構。其中，每一層又都是上一層的基礎，如果抽去任何一層，上一級都將成為空中樓閣，而下一級則成為無源之水，定位對文化企業內部的整合能力和外部的告知能力都會產生很大的影響。

文 化 產 業 市 場 定 位 的 三 個 層 次	
文化產品定位	文化產品定位是將某種文化產品的優勢利益資訊傳送給目標人群，使文化消費者一旦產生同類需求就會聯想起該類文化產品。這一層次的定位是其他層次定位的基礎，因為文化企業最終向文化消費者提供的是文化產品，沒有文化產品這一載體，品牌和企業在目標消費者心目中的形象無法落實。
文化品牌定位	品牌是對文化產品定位的形象化描述，用以識別文化產品的經營者。菲力浦‧科特勒將品牌的作用概括為「是賣方做出的不斷為買方提供一系列文化產品特點、利益和服務的承諾」。由於文化消費者往往把品牌視為文化產品的一個重要組成部分，因此建立品牌可以增加文化企業及其產品的價值。
文化企業形象定位	文化企業形象定位是文化企業集團組織整體在公眾心目中的形象定位。它的著眼點不是具體的文化產品或品牌，而是組織整體的特點與優勢。文化企業形象定位處於定位階梯的最高層，它要先定位所屬的文化產品和品牌，然後才能夠在公眾中樹立文化企業形象。沒有好的文化產品定位和品牌定位，文化企業定位很難被公眾認可。

　　文化產業市場定位在目標人群心理預期結構中佔據不可替代的位置，在按照上述三個層面的結構進行文化產業市場定位架構的時候，要注意遵從以下原則：

文 化 產 業 市 場 定 位 應 遵 從 的 原 則	
目標人群導向原則	文化產業市場定位的目標指向是文化產品目標消費人群的心理預期結構座標，最終目的是要在人們的文化產品消費選擇序列結構中佔據不可替代的位置。因此，目標消費者的價值判斷準則、購買偏好等因素直接決定著文化產業市場定位操作空間的結構和大小。

差異化原則	差異化原則有利於使文化產品定位在消費者使用選擇序列中獲取不可替代的地位。我們都知道，消費者通常會記住排名第一的文化產品，並做為其消費選擇的首要品牌。這就需要文化企業根據消費者價值偏好情況，採取新的標準，設立新的價值座標體系，進而突出自身競爭優勢，使得文化消費者在新的價值座標系內進行選擇的時候把本文化產品排在心理預期結構的首選位置。
利益導向原則	文化產業市場定位的訴求點是為目標人群提供不同的利益，或者是功能利益，或者是心理利益，或者是兩者的聯合。有時候會遇到一些奇怪的定位，很獨特和新鮮，但是很難看出它希望傳遞給目標人群什麼樣的利益啟示。因此，不能為了差異而表現差異，而是要有目的地表現差異，文化產業市場定位需要表現的是利益差異以及保證利益的能力差異。脫離利益訴求的差異化很難對目標消費者的選擇產生影響，因為這些差異實際上根本不在文化消費者的價值判斷坐標系上。
變化要求原則	社會是變動的，而不是靜止的。變化要求文化企業不斷調整自身的定位，在文化產業市場上去做符合自己身分和地位的事情，獲得自己應有的市場利益。

三、文化產業市場定位的模式

　　根據目標人群價值判斷結構和消費行為偏好的不同，可以選擇不同的變數進行檢驗，看哪一種文化產業市場定位模式可以保證文化產品在目標消費者的心理預期結構座標上顯示出優勢地位，然後組織相對的優勢利益資訊傳遞給對方。常用的文化產業市場定位模式包括以下幾種：

常 用 的 文 化 產 業 市 場 定 位 模 式	
文化消費者定位模式	又稱正向定位模式，是指按照文化消費者的類型進行定位，賦予文化產品與消費者特徵、地位、品味相對的品牌形象，這樣就會建立起目標消費者心理預期結構和特定文化產品之間的關聯，使這一類消費者相信該文化產品就是為他們特意設計和組織的，使關係雙方各自尋找到社會歸屬感。
文化產品競爭者定位模式	又叫反向定位模式，是指標對文化產業市場競爭的現實態勢，力求凸顯文化產品相對優勢的定位。即為了在文化消費者心目中加強或者提高文化產品現有地位，根據與競爭有關的屬性和利益或針對競爭者的定位來進行本文化產品的市場定位。
企業能力定位模式	任何一家文化企業都不可能滿足所有的文化產業市場需求，因此引入市場區隔概念。面對眾多的區隔市場，選擇標準同樣取決於文化企業自身能力和滿足某些特定區隔市場的能力要求間的耦合程度。文化產業市場定位其實就是一個「識別潛在競爭優勢→選擇競爭優勢→展示競爭優勢」的能力選擇與使用過程。
整合定位模式	上述三種定位模式其實都有一些不足，文化消費者模式忽視競爭對手的定位結構；文化產品競爭者模式顯然過於強調對競爭風險的迴避，而對文化消費者需求和文化企業能力的認識不足；而文化企業能力模式如上所述，也有忽視文化消費者現實需求的傾向。這樣，就有必要對上述定位模式予以整合，在此基礎上完成文化產品定位、品牌定位和文化企業定位三個層次結構的建設。我們可以透過文化消費者分析確定目標市場，透過文化企業能力分析和競爭者分析，明確文化企業核心專長以及建立在此基礎上的競爭優勢，然後進一步尋找兩者的利益平衡點，這就是整合定位模式。

四、文化創意產業範疇

主管機關	次產業	說　　明
文建會	視覺藝術產業	係指從事繪畫、雕塑及其他藝術品的創作、藝術品的拍賣零售、畫廊、藝術品展覽、藝術經紀代理、藝術品的公證鑑價、藝術品修復等之行業。
	音樂與表演藝術產業	係指從事戲劇相關業務（創作、訓練、表演）、音樂劇及歌劇相關業務（樂曲創作、演奏訓練、表演）、音樂現場表演及作詞作曲、表演服裝設計與製作、表演造型設計、表演舞台燈光設計、表演場地（大型劇院、小型劇院、音樂廳、露天舞台等）、表演設施（劇院、音樂廳、露天廣場等）經營管理、表演藝術經紀代理、表演藝術硬體相關服務（道具製作與管理、舞台搭設、燈光設備、音響工程等）、藝術節經營等之行業。
	文化展演設施產業	係指從事美術館、博物館、藝術館（村）、音樂廳、演藝廳經營管理暨服務等之行業。
	工藝產業	係指從事工藝創作、工藝設計、工藝品展售、工藝品鑑定制度等之行業。
新聞局	電影產業	從事電影片製作、發行、上映及電影工業等之電影周邊產製服務等之行業
		從事電影發行之行業應歸入8520（電影片發行業）細類。
	廣播電視產業	係指凡利用無線、有線、衛星或其他載體，從事廣播、電視經營及節目製作、供應等之行業。
		從事廣播電視節目及錄影節目帶發行之行業應歸入8630（廣播節目供應業）細類。
	出版產業	係指從事新聞、期刊雜誌、書籍、唱片、錄音帶等具有著作權商品發行等之行業。

經濟部	廣告產業	係指從各種媒體宣傳物之設計、繪製、攝影、模型、製作及裝置等行業。獨立經營分送廣告、招攬廣告之行業亦同。
	設計產業	係指從事產品設計企劃、產品外觀設計、機構設計、原型與模型的製作、流行設計、專利商標設計、品牌視覺設計、平面視覺設計、包裝設計、網頁多媒體設計、設計諮詢顧問等之行業。
	設計品牌時尚產業	係指從事以設計師為品牌之服飾設計、顧問、製造與流通等之行業。
	創意生活產業	以創意整合生活產業之核心知識，提供具有深度體驗及優質美感之產業。
	數位休閒娛樂產業	數位休閒娛樂設備（如：3DVR設備、運動機台、格鬥競賽機台、導覽系統、電子販賣機台、動感電影院設備）。
		環境生態休閒服務（如：數位多媒體主題園區、動畫電影場景主題園區、博物展覽館）。
		社會生活休閒服務（如：商場數位娛樂中心、社區數位娛樂中心、示範型網路咖啡廳、親子娛樂數位學習中心）。
內政部	建築設計產業	係指從事建築設計、室內空間設計、展覽場設計、商場設計、指標設計、庭園設計、景觀設計、地景設計等之行業。

資料來源：http://www.twtm.com.tw/cult/about/about_02.asp?tree_idx=010200 經濟部文化創意產業推動小組。

2005與2006年文化創意產業家數、就業人數及產值

單位：家；千元新臺幣；人

項目	2005年				2006年			
	家數	營業額	附加價值	人數	家數	營業額	附加價值	人數
視覺藝術產業	3,086 (-1.12%)	5,287,954 (0.13%)	3,807,327 (0.13%)	─	2,972 (-3.69%)	4,817,745 (-8.89%)	3,468,776 (-8.89%)	─
音樂與表演藝術產業	1,019 (16.86%)	6,616,260 (17.96%)	4,565,219 (17.96%)	─	1,169 (14.72%)	6,700,779 (1.28%)	4,623,538 (1.28%)	─
工藝產業	10,892 (2.02%)	67,468,353 (1.03%)	38,456,961 (1.03%)	─	10,714 (-1.63%)	67,537,566 (0.10%)	38,496,413 (0.10%)	─
文化展演設施產業	273 (13.75%)	2,696,308 (30.31%)	1,860,453 (30.31%)	─	316 (15.75%)	2,031,408 (-24.66%)	1,401,672 (-24.66%)	─
電影產業	648 (-1.67%)	13,078,510 (-0.34%)	6,539,255 (-0.34%)	4,694 (-19.99%)	620 (-4.32%)	14,050,863 (7.43%)	7,025,431 (7.43%)	4,112 (-12.40%)
廣播電視產業	1,743 (-1.08%)	100,931,894 (4.01%)	50,465,947 (4.01%)	30,669 (-3.66%)	1,702 (-2.35%)	101,339,363 (0.40%)	50,669,682 (0.40%)	32,464 (5.85%)
出版產業	3,581 (5.76%)	71,583,504 (-1.83%)	42,950,102 (-1.83%)	40,554 (3.97%)	3,637 (1.56%)	65,551,874 (-8.43%)	39,331,124 (-8.43%)	44,431 (9.56%)
建築設計產業	8,249 (-0.54%)	81,237,538 (10.20%)	61,740,529 (10.20%)	14,246 (5.37%)	7,969 (-3.39%)	82,883,103 (2.03%)	62,991,158 (2.03%)	15,005 (5.33%)
廣告產業	11,766 (5.29%)	141,125,342 (0.51%)	42,337,603 (0.51%)	46,158 (9.48%)	12,221 (3.87%)	141,612,222 (0.34%)	42,483,667 (0.34%)	49,259 (6.72%)
設計產業	2,096 (8.88%)	50,257,096 (4.19%)	35,682,538 (4.19%)	19,939 (16.2%)	2,239 (6.82%)	55,694,472 (10.82%)	39,543,075 (10.82%)	23,184 (16.27%)
數位休閒娛樂產業	8,315 (4.62%)	21,764,800 (8.96%)	15,017,712 (8.96%)	34,128 (4.62%)	8,013 (-3.63%)	24,808,838 (13.99%)	17,118,098 (13.99%)	32,889 (-3.63%)
設計品牌時尚產業	─	─	─	─	─	─	─	─
創意生活產業	74 (39.62%)	19,019,690 (66.97%)	5,049,450 (52.41%)	5,296 (47.56%)	95 (28.38%)	19,209,124 (1.00%)	─	6,441 (21.62%)
合　計	51,742 (3.25%)	581,067,249 (4.41%)	308,473,095 (4.39%)	195,684 (5.34%)	51,667 (-0.14%)	586,237,356 (0.89%)	307,152,633 (-0.43%)	207,785 (6.18%)

註：1.產值＝{營業額·(1-中間投入)}，即所謂「附加價值」。
　　2.括號中的數據代表成長率。
　　3.「─」表示無法自財稅中心或相關單位取得資料。
　　4.就業人數的資料來源如下：電影、廣播電視、出版與廣告等4產業為行政院主計處「2006年人力資源調查統計」、建築設計產業
　　　及設計產業為行政院勞工委員會「臺灣地區職類別薪資調查」、數位休閒娛樂產業則由經濟部工業局數位內容推動辦公室提供。

資料來源：中華經濟研究院根據財政部財稅資料中心磁帶資料（2005～2006年）估算。
　　　　　經濟部工業局，《2007台灣文化創意產業發展年報》。

2005與2006年文化創意產業之組織結構

單位：家；千元新臺幣

家數與營收總額＼組織型態	2005年家數及營收總額				2006年家數及營收總額			
	家　數	營收總額*	外銷收入	內銷收入	家　數	營收總額*	外銷收入	內銷收入
其　他	343 (9.58%)	9,186,923 (17.74%)	40,400 (27.96%)	9,146,523 (17.70%)	362 (5.54%)	13,037,510 (41.91%)	52,127 (29.03%)	12,985,383 (41.97%)
股份有限公司	4,034 (0.93%)	303,185,086 (1.13%)	27,447,712 (5.97%)	275,737,374 (0.68%)	4,045 (0.27%)	306,223,649 (1.00%)	35,790,111 (30.39%)	270,433,538 (-1.92%)
有限公司	17,453 (3.08%)	149,593,047 (2.90%)	7,759,101 (-13.99%)	141,833,946 (4.02%)	17,658 (1.17%)	148,502,165 (-0.73%)	8,721,679 (12.41%)	139,780,486 (-1.45%)
無限公司	6 (100.0%)	27,600 (16.74%)	0 (0.00%)	27,600 (16.74%)	7 (16.67%)	34,200 (23.91%)	0	34,200 (23.91%)
兩合公司	0 (-100.00%)	0 (-100.00%)	0 (0.00%)	0 (-100.00%)	0	0	0	0
合　夥	634 (9.12%)	3,758,195 (14.90%)	7,429 (-5.04%)	3,750,766 (14.94%)	688 (8.52%)	3,643,681 (-3.05%)	9,771 (31.53%)	3,633,910 (-3.12%)
獨　資	28,756 (3.32%)	52,309,729 (4.36%)	79,583 (14.65%)	52,230,146 (4.35%)	28,338 (-1.45%)	49,897,484 (-4.61%)	71,786 (-9.80%)	49,825,698 (-4.60%)
外國公司	155 (3.33%)	32,718,299 (18.99%)	355,638 (-3.52%)	32,362,662 (19.30%)	154 (-0.65%)	34,453,559 (5.30%)	340,032 (-4.39%)	34,113,526 (5.41%)
外國公司辦事處	7 (75.00%)	340,540 (-38.48%)	0 (0.00%)	340,540 (-38.48%)	7 (0.00%)	253,002 (-25.71%)	0	253,002 (-25.71%)
分公司	283 (15.98%)	10,928,139 (1.86%)	1,437,706 (27.67%)	9,490,433 (-1.17%)	313 (10.60%)	10,982,984 (0.50%)	1,359,690 (-5.43%)	9,623,294 (1.40%)
合　　計	51,671 (3.22%)	562,047,558 (3.10%)	37,127,568 (1.65%)	524,919,990 (3.20%)	51,572 (-0.19%)	567,028,232 (0.89%)	46,345,196 (24.83%)	520,683,036 (-0.81%)

註：1.營收總額＝外銷收入＋內銷收入。
　　2.括號中的數據代表成長率。
　　3.結構部分之統計數據，未包括設計品牌時尚產業、創意生活產業；另同屬於視覺藝術產業與出版產業子項的「文學與藝術」，
　　　因無法分別於視覺藝術產業與出版產業呈現其結構部分統計值，為了與個論呈現一致性的統計數據，本表未將其納入計算。
資料來源：中華經濟研究院根據財政部財稅資料中心磁帶資料（2005～2006年）估算。
　　　　　經濟部工業局，《2007台灣文化創意產業發展年報》。

2005與2006年文化創意產業之經營年數結構

單位：家；千元新臺幣

家數與營收總額\〜經營年數	2005年家數及營收總額				2006年家數及營收總額			
	家　數	營收總額*	外銷收入	內銷收入	家　數	營收總額*	外銷收入	內銷收入
1年以下	5,414 (-8.18%)	8,409,363 (-37.53%)	54,813 (26.06%)	8,354,551 (-37.74%)	4,362 (-19.43%)	7,337,017 (-12.75%)	67,649 (23.42%)	7,269,367 (-12.99%)
1-2年	5,819 (2.74%)	28,329,698 (-0.61%)	177,294 (-81.86%)	28,152,404 (2.27%)	5,242 (-9.92%)	19,390,985 (-31.55%)	168,814 (-4.78%)	19,222,171 (-31.72%)
2-3年	4,866 (2.92%)	27,334,147 (-49.95%)	762,782 (-83.36%)	26,571,365 (-46.89%)	4,951 (1.75%)	29,984,291 (9.70%)	228,286 (-70.07%)	29,756,005 (11.99%)
3-4年	4,215 (1.93%)	56,470,050 (83.80%)	7,115,830 (256.67%)	49,354,220 (71.79%)	4,231 (0.38%)	27,739,042 (-50.88%)	1,671,331 (-76.51%)	26,067,711 (-47.18%)
4-5年	3,655 (8.81%)	28,523,271 (-2.14%)	2,369,629 (-6.62%)	26,153,643 (-1.71%)	3,713 (1.59%)	57,498,202 (101.58%)	10,063,590 (324.69%)	47,434,612 (81.37%)
5-10年	12,037 (3.70%)	181,127,901 (-3.90%)	11,161,579 (31.91%)	169,966,322 (-5.58%)	12,429 (3.26%)	165,572,535 (-8.59%)	14,727,932 (31.95%)	150,844,603 (-11.25%)
10-20年	10,040 (7.63%)	154,045,444 (24.08%)	7,110,111 (5.73%)	146,935,332 (25.13%)	10,807 (7.64%)	182,597,002 (18.53%)	10,858,771 (52.72%)	171,738,231 (16.88%)
20年以上	5,625 (5.32%)	77,807,683 (2.27%)	8,375,530 (-25.23%)	69,432,153 (7.02%)	5,837 (3.77%)	76,909,159 (-1.15%)	8,558,823 (2.19%)	68,350,336 (-1.56%)
合　計	51,671 (3.22%)	562,047,558 (3.10%)	37,127,568 (1.65%)	524,919,990 (3.20%)	51,572 (-0.19%)	567,028,232 (0.89%)	46,345,196 (24.83%)	520,683,036 (-0.81%)

註：1.營收總額 = 外銷收入＋內銷收入。
　　2.括號中的數據代表成長率。
　　3.結構部分之營收總額，未包括設計品牌時尚產業、創意生活產業及屬於視覺藝術產業與出版產業子項的「文學與藝術」。
資料來源：中華經濟研究院根據財政部財稅資料中心磁帶資料（2005〜2006年）估算。
　　　　　經濟部工業局，《2007台灣文化創意產業發展年報》。

2005與2006年文化創意產業之空間分布情形

單位：家；千元新臺幣

家數與營收總額 空間分布	2005年家數及營收總額				2006年家數及營收總額			
	家　數	營收總額*	外銷收入	內銷收入	家　數	營收總額*	外銷收入	內銷收入
臺北市	14,503 (1.55%)	334,517,910 (0.90%)	18,040,073 (-11.71%)	316,477,837 (1.73%)	14,511 (0.06%)	335,979,034 (0.44%)	21,341,095 (18.30%)	314,637,940 (-0.58%)
臺中市	3,527 (3.74%)	25,081,523 (14.71%)	847,408 (-4.42%)	24,234,115 (15.52%)	3,608 (2.30%)	24,333,651 (-2.98%)	631,964 (-25.42%)	23,701,687 (-2.20%)
基隆市	655 (1.24%)	2,544,685 (16.14%)	18,003 (-25.96%)	2,526,682 (16.61%)	640 (-2.29%)	2,519,871 (-0.98%)	13,211 (-26.62%)	2,506,660 (-0.79%)
臺南市	2,000 (0.96%)	8,179,104 (3.27%)	127,213 (10.83%)	8,051,891 (3.16%)	1,940 (-3.00%)	7,449,739 (-8.92%)	96,737 (-23.96%)	7,353,003 (-8.68%)
高雄市	3,845 (1.08%)	23,495,674 (-2.98%)	870,392 (-32.87%)	22,625,282 (-1.29%)	3,657 (-4.89%)	22,717,888 (-3.31%)	905,608 (4.05%)	21,812,280 (-3.59%)
臺北縣	7,511 (4.81%)	70,018,063 (10.58%)	5,129,893 (8.27%)	64,888,170 (10.77%)	7,500 (-0.15%)	68,789,152 (-1.76%)	4,867,808 (-5.11%)	63,921,344 (-1.49%)
宜蘭縣	872 (4.93%)	2,586,774 (-6.17%)	29,347 (0.72%)	2,557,427 (-6.24%)	885 (1.49%)	2,622,641 (1.39%)	27,309 (-6.95%)	2,595,332 (1.48%)
桃園縣	2,629 (7.57%)	21,450,325 (7.15%)	1,063,947 (-1.25%)	20,386,378 (7.62%)	2,620 (-0.34%)	23,877,510 (11.32%)	1,990,729 (87.11%)	21,886,781 (7.36%)
嘉義市	753 (8.50%)	2,624,367 (-0.75%)	40,316 (-11.34%)	2,584,051 (-0.56%)	780 (3.59%)	2,918,696 (11.22%)	50,104 (24.28%)	2,868,592 (11.01%)
新竹縣	618 (10.55%)	10,079,525 (19.04%)	5,423,693 (67.42%)	4,655,832 (-10.94%)	664 (7.44%)	13,800,595 (36.92%)	9,155,059 (68.80%)	4,645,536 (-0.22%)
苗栗縣	915 (3.98%)	3,326,106 (3.30%)	57,992 (5.24%)	3,268,114 (3.27%)	919 (0.44%)	3,276,868 (-1.48%)	68,342 (17.85%)	3,208,526 (-1.82%)
臺中縣	1,985 (6.43%)	10,385,111 (0.55%)	323,577 (-13.86%)	10,061,534 (1.10%)	2,044 (2.97%)	10,318,957 (-0.64%)	362,295 (11.97%)	9,956,662 (-1.04%)
南投縣	874 (5.94%)	2,481,565 (-3.20%)	102,372 (114.55%)	2,379,193 (-5.44%)	895 (2.40%)	2,176,424 (-12.30%)	68,044 (-33.53%)	2,108,380 (-11.38%)
彰化縣	1,683 (3.82%)	5,025,872 (5.61%)	51,476 (-14.50%)	4,974,396 (5.87%)	1,724 (2.44%)	5,095,410 (1.38%)	28,824 (-44.01%)	5,066,586 (1.85%)
新竹市	866 (4.59%)	11,095,606 (-3.99%)	4,805,269 (26.21%)	6,290,337 (-18.83%)	874 (0.92%)	12,002,925 (8.18%)	6,558,119 (36.48%)	5,444,806 (-13.44%)
雲林縣	1,077 (0.28%)	4,863,696 (3.29%)	730 (-86.10%)	4,862,966 (3.39%)	1,024 (-4.92%)	4,644,243 (-4.51%)	2,440 (234.26%)	4,641,803 (-4.55%)
嘉義縣	429 (-0.92%)	1,514,253 (15.00%)	10,536 (-43.81%)	1,503,717 (15.85%)	429 (0.00%)	1,409,986 (-6.89%)	14,002 (32.89%)	1,395,984 (-7.16%)
臺南縣	1,621 (3.58%)	7,589,379 (8.38%)	69,421 (15.91%)	7,519,959 (8.32%)	1,664 (2.65%)	7,947,440 (4.72%)	79,260 (14.17%)	7,868,180 (4.63%)
高雄縣	1,968 (1.44%)	6,542,695 (4.17%)	107,559 (-43.19%)	6,435,136 (5.65%)	1,903 (-3.30%)	6,574,806 (0.49%)	77,273 (-28.16%)	6,497,533 (0.97%)
屏東縣	1,607 (6.00%)	3,895,873 (-0.04%)	393 (-86.89%)	3,895,480 (0.03%)	1,596 (-0.68%)	4,156,726 (6.70%)	56 (-85.75%)	4,156,670 (6.70%)
花蓮縣	897 (3.46%)	2,660,527 (3.90%)	7,959 (-56.05%)	2,652,568 (4.33%)	870 (-3.01%)	2,573,001 (-3.29%)	6,678 (-16.09%)	2,566,323 (-3.25%)
臺東縣	454 (-0.22%)	981,732 (-1.32%)	0	981,732 (-1.32%)	444 (-2.20%)	949,201 (-3.31%)	0	949,201 (-3.31%)

金門縣	134 (-2.19%)	465,982 (-3.27%)	0	465,982 (-3.27%)	138 (2.99%)	364,172 (-21.85%)	0	364,172 (-21.85%)
澎湖縣	248 (1.22%)	641,211 (15.30%)	0	641,211 (15.30%)	243 (-2.02%)	529,299 (-17.45%)	242 (%)	529,057 (-17.49%)
合　計	51,671 (3.22%)	562,047,558 (3.10%)	37,127,568 (1.65%)	524,919,990 (3.20%)	51,572 (-0.19%)	567,028,232 (0.89%)	46,345,196 (24.83%)	520,683,036 (-0.81%)

註：1.營收總額＝外銷收入＋內銷收入。
　　2.括號中的數據代表成長率。
　　3.結構部分之營收總額，未包括設計品牌時尚產業、創意生活產業及屬於視覺藝術產業與出版產業子項的「文學與藝術」。
資料來源：中華經濟研究院根據財政部財稅資料中心磁帶資料（2005～2006年）估算。
　　　　　經濟部工業局，《2007台灣文化創意產業發展年報》。

2005與2006年文化創意產業之資本結構

單位：家；千元新臺幣

家數與營收 總額 資本結構	2005年家數及營收總額				2006年家數及營收總額			
	家　數	營收總額*	外銷收入	內銷收入	家　數	營收總額*	外銷收入	內銷收入
未滿0.1百萬元	15,501 (1.45%)	39,223,331 (6.42%)	1,456,626 (28.53%)	37,766,704 (5.72%)	15,041 (-2.97%)	41,548,196 (5.93%)	1,386,968 (-4.78%)	40,161,228 (6.34%)
0.1-1百萬元	15,674 (7.14%)	41,977,363 (5.51%)	288,681 (16.27%)	41,688,681 (5.44%)	15,968 (1.88%)	40,667,943 (-3.12%)	270,171 (-6.41%)	40,397,772 (-3.10%)
1-5百萬元	11,843 (3.27%)	97,237,273 (9.70%)	2,720,345 (64.63%)	94,516,927 (8.66%)	12,014 (1.44%)	94,049,406 (-3.28%)	1,604,927 (-41.00%)	92,444,479 (-2.19%)
5-10百萬元	5,536 (-1.02%)	76,842,530 (1.53%)	6,582,511 (-7.45%)	70,260,019 (2.47%)	5,400 (-2.46%)	72,885,743 (-5.15%)	7,021,783 (6.67%)	65,863,959 (-6.26%)
10-20百萬元	1,667 (0.12%)	46,726,184 (-2.93%)	4,359,671 (2.02%)	42,366,513 (-3.41%)	1,691 (1.44%)	45,576,217 (-2.46%)	3,886,720 (-10.85%)	41,689,497 (-1.60%)
20-30百萬元	564 (0.53%)	37,330,164 (9.95%)	2,333,414 (-10.62%)	34,996,751 (11.66%)	564 (0.00%)	39,170,286 (4.93%)	2,481,425 (6.34%)	36,688,860 (4.84%)
30-40百萬元	171 (5.56%)	12,579,994 (12.40%)	499,899 (11.75%)	12,080,096 (12.43%)	182 (6.43%)	15,854,328 (26.03%)	514,385 (2.90%)	15,339,942 (26.99%)
40-50百萬元	51 (8.51%)	4,859,994 (-10.06%)	256,596 (-38.69%)	4,603,398 (-7.66%)	49 (-3.92%)	4,288,917 (-11.75%)	325,805 (26.97%)	3,963,112 (-13.91%)
50-60百萬元	150 (2.04%)	11,484,623 (32.93%)	542,081 (-19.36%)	10,942,542 (37.34%)	148 (-1.33%)	10,745,094 (-6.44%)	699,367 (29.02%)	10,045,727 (-8.20%)
60-80百萬元	91 (1.11%)	12,895,307 (-9.59%)	534,390 (42.14%)	12,360,917 (-10.99%)	96 (5.49%)	12,677,058 (-1.69%)	385,906 (-27.79%)	12,291,152 (-0.56%)
0.8-1億元	52 (4.00%)	13,271,994 (29.45%)	293,360 (9.55%)	12,978,634 (29.99%)	53 (1.92%)	12,701,314 (-4.30%)	180,779 (-38.38%)	12,520,535 (-3.53%)
1-2億元	145 (-2.03%)	30,724,104 (-23.47%)	1,355,518 (-46.22%)	29,368,587 (-21.95%)	146 (0.69%)	37,167,934 (20.97%)	2,255,446 (66.39%)	34,912,488 (18.88%)
2億元以上	226 (3.20%)	136,894,698 (3.54%)	15,904,475 (7.52%)	120,990,223 (3.04%)	220 (-2.65%)	139,695,796 (2.05%)	25,331,513 (59.27%)	114,364,283 (-5.48%)
合　計	51,671 (3.22%)	562,047,558 (3.10%)	37,127,568 (1.65%)	524,919,990 (3.20%)	51,572 (-0.19%)	567,028,232 (0.89%)	46,345,196 (24.83%)	520,683,036 (-0.81%)

註：1.營收總額＝外銷收入＋內銷收入。
　　2.括號中的數據代表成長率。
　　3.結構部分之營收總額，未包括設計品牌時尚產業、創意生活產業及屬於視覺藝術產業與出版產業子項的「文學與藝術」。
資料來源：中華經濟研究院根據財政部財稅資料中心磁帶資料（2005～2006年）估算。
　　　　　經濟部工業局，《2007台灣文化創意產業發展年報》。

2005與2006年文化創意產業之銷售額結構

單位：家；千元新臺幣

家數與營收總額　銷售額結構	2005年家數及營收總額				2006年家數及營收總額			
	家　數	營收總額*	外銷收入	內銷收入	家　數	營收總額*	外銷收入	內銷收入
未滿0.5百萬元	14,577 (3.35%)	2,430,344 (-22.69%)	11,815 (-64.71%)	2,418,529 (-22.24%)	14,652 (0.51%)	2,402,146 (-1.16%)	11,654 (-1.36%)	2,390,491 (-1.16%)
0.5-5百萬元	26,351 (2.44%)	44,321,743 (2.62%)	409,793 (-19.34%)	43,911,950 (2.88%)	26,465 (0.43%)	44,516,728 (0.44%)	422,165 (3.02%)	44,094,563 (0.42%)
5-10百萬元	4,490 (7.06%)	31,777,459 (6.99%)	802,544 (7.99%)	30,974,916 (6.97%)	4,328 (-3.61%)	30,612,708 (-3.67%)	718,143 (-10.52%)	29,894,565 (-3.49%)
10-20百萬元	2,984 (3.94%)	41,863,222 (3.63%)	1,370,664 (8.58%)	40,492,558 (3.47%)	2,919 (-2.18%)	40,987,811 (-2.09%)	1,331,180 (-2.88%)	39,656,631 (-2.06%)
20-30百萬元	1,216 (5.74%)	29,971,588 (5.74%)	1,074,920 (9.86%)	28,896,668 (5.59%)	1,213 (-0.25%)	29,875,181 (-0.32%)	1,166,502 (8.52%)	28,708,679 (-0.65%)
30-40百萬元	514 (3.42%)	17,672,964 (3.31%)	977,233 (-23.74%)	16,695,731 (5.51%)	485 (-5.64%)	16,747,287 (-5.24%)	1,200,353 (22.83%)	15,546,934 (-6.88%)
40-50百萬元	268 (-4.63%)	11,968,617 (-5.01%)	588,359 (-20.31%)	11,380,258 (-4.05%)	272 (1.49%)	12,185,534 (1.81%)	674,271 (14.60%)	11,511,263 (1.15%)
50-60百萬元	184 (-1.08%)	10,044,707 (-1.04%)	945,105 (72.62%)	9,099,602 (-5.24%)	155 (-15.76%)	8,538,041 (-15.00%)	579,499 (-38.68%)	7,958,542 (-12.54%)
60-70百萬元	155 (14.81%)	10,025,218 (14.37%)	1,217,805 (9.08%)	8,807,413 (15.14%)	139 (-10.32%)	8,972,486 (-10.50%)	760,816 (-37.53%)	8,211,670 (-6.76%)
70-80百萬元	99 (17.86%)	7,383,126 (17.10%)	513,067 (-32.46%)	6,870,059 (23.89%)	95 (-4.04%)	7,142,974 (-3.25%)	276,907 (-46.03%)	6,866,067 (-0.06%)
80-100百萬元	157 (-0.63%)	13,993,534 (-0.57%)	851,260 (-43.98%)	13,142,274 (4.69%)	146 (-7.01%)	12,982,636 (-7.22%)	1,221,000 (43.43%)	11,761,636 (-10.51%)
1-2億元	318 (0.95%)	44,689,706 (1.82%)	3,985,801 (0.40%)	40,703,905 (1.96%)	337 (5.97%)	46,458,704 (3.96%)	3,776,440 (-5.25%)	42,682,263 (4.86%)
2億元以上	358 (-0.28%)	295,905,329 (2.93%)	24,379,202 (5.69%)	271,526,128 (2.69%)	366 (2.23%)	305,605,999 (3.28%)	34,206,267 (40.31%)	271,399,731 (-0.05%)
合　計	51,671 (3.22%)	562,047,558 (3.10%)	37,127,568 (1.65%)	524,919,990 (3.20%)	51,572 (-0.19%)	567,028,232 (0.89%)	46,345,196 (24.83%)	520,683,036 (-0.81%)

註：1.營收總額＝外銷收入＋內銷收入。
　　2.括號中的數據代表成長率。
　　3.結構部分之營收總額，未包括設計品牌時尚產業、創意生活產業及屬於視覺藝術產業與出版產業子項的「文學與藝術」。
資料來源：中華經濟研究院根據財政部財稅資料中心磁帶資料（2005～2006年）估算。
　　　　　經濟部工業局，《2007台灣文化創意產業發展年報》。

戰略篇

第六章　文化產品需求與價格

　　在這一章中，我們首先從有利於消費者這一立足點出發，將價格定義為可變變數。然後，透過考慮決策制訂的過程、價格總目標以及有助於決策制訂的某些方法等諸多因素，來說明文化企業是如何確定他們的文化產品價格的。

　　接下來是對文化產品價格與利潤的各種計算方法的簡要回顧，並把說明的重點放在文化領域這一背景中。當然，有些文化機構是非盈利性組織，他們接受來自政府與贊助商的財政支持。我們在這兒將特別強調政府在消費者購買的文化產品的價格制訂方面所發揮的作用。

　　然後我們還將解釋彈性價格這一經濟學概念，它在需求與價格的變動之間確立一定的關聯。我們還可把它應用於行銷組合其他的變數之中。在本章末尾，我們將描述最通用的定價戰略，以及那著名的、似乎是自相矛盾的包默原理（Baumol's Law）。

第一節　文化產品定價方式與目標

　　從文化企業視角上看，制訂價格實際上等於在向市場傳遞文化產品價值的資訊。價格訂定也決定著一個組織所付出努力的程度，以求達到損益平衡點和可接受的金融風險程度。每一個消費者，其參與文化消費活動所要支付的平均價格包括文化產品價格、相關的支出、花費的努力三個要素。

價　格　變　動　的　三　個　要　素
1. 文化產品價格。
2. 消費此文化產品過程中的相關支出。
3. 為消費此文化產品花費的時間和精力。

有時定價是一項非常複雜而棘手的工作，其難度因文化企業不同而異，同時也取決於市場情況。大體上有三個層次上的方式。

文 化 產 品 定 價 方 式（Pricing Methods）	
外部限定價格	這一層次的定價相當容易，就像某種文化企業，它的文化產品價格由外部權威的政府機關來制訂，或另一種情況——即文化企業不能選擇只能追隨市場領先者的價格策略。
市場限定價格	第二層次的情況是，價格的變動被限制在極為有限的範圍內。當消費者跟得上競爭對手們的價格並且敏銳地意識到價格的變化時，這種情況就會發生。
行銷策略價格	第三層次上的價格相對複雜，為促銷而採取的降價措施、優惠措施、禮品、獎券回饋措施等都在此範疇。

當行銷負責人要在諸多方案中做出選擇時，最複雜的情況便出現。這種價格決策需要詳盡的分析和足夠的深思熟慮。

一、定價要考慮所有相關對象

定 價 要 考 慮 到 所 有 相 關 對 象	
競爭者的反應	如果某些角逐者反應強烈，那麼控制價格的變動是極為必要的。競爭對手可能會進行危險的報復策略，導致惡性的價格大戰，因此，價格變動之前要謹慎仔細地考慮。
經銷商的反應	儘管價格下降受到顧客的歡迎，增加銷售量，但分銷商也許並不願這樣，因為他們意識到他們潛在的利潤在驟然下降。降價之前與經銷商進行有效的溝通是非常必要的。
政府部門的反應	有時，政府部門可能會對價格變動做出反應，這種反應甚至是強制性的。需要瞭解文化產品是否在政府干預和控制的範圍之內。

二、確立目標定位（Target location）

如果設定價格變動的目標與行銷組合中其他變數相適應，那麼該目標必須要以文化企業的總體策略為基礎，這一策略是從更宏觀的總體目標中所提煉制訂出來的。

1. 價格目標分類的結構關係（Structure）

菲利昂（Filion）把這些目標分為四個主要種類：利潤、銷售、均衡競爭、文化企業形象。並以下面圖形結構來表述它們之間的關係。

價格目標的分類結構圖

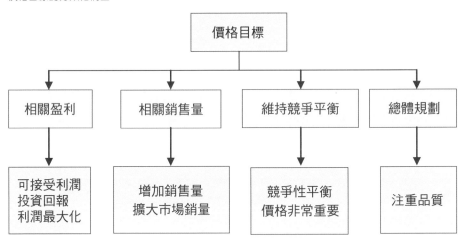

參考資料：Dhalla,N.K.1984.「A Guide to New Product Development Pricing Phase.」Canadian Business（April）.

2. 價格目標分類的描述

價格目標總是與利潤、銷售、均衡競爭以及文化企業形象相關聯，而這幾點也正是對價格目標進行分類的基本方法。

價 格 目 標 的 分 類 說 明	
利潤目標 （Profit targets）	以盈利為目的的文化企業要創造出一定的利潤來滿足它們的股東。制訂價格的一種方式是計算文化企業所要獲取的「投資回報」。這一數值由利潤除以投入資本所得。
銷售目標 （Sales targets）	一個總體的目標會擴大文化企業的市場佔有率。文化企業可以透過降低價格、減少利潤空間來爭取競爭者的顧客並增加銷售量，進而爭取到更多的市場銷售量。在消費者不注重品牌而競爭十分激烈的領域，這種策略會引發一場你死我活的價格戰，最終受益的是消費者。
競爭均衡目標 （Competitive balance）	有一些領域，在它們生命週期的成熟階段，文化企業時常希望保持競爭均衡狀態而避免價格戰。市場中的競爭對手們追隨在市場領先者之後，在價格上達成妥協，透過依靠行銷組合這種關聯互動的戰略緊緊保持它們的市場銷售量。
文化企業形象目標 （Target corporate image）	一家文化企業可能會根據它所設計的形象來制訂價格。在消費者的視野裡，價格為人們提供一個極具象徵性的標準。期望上等品質形象的文化企業，其相對的價格也偏高；而另外一些文化企業，由於它的文化產品更易接近大多數人，因而定價偏低一些。

三、文化產品價格制訂

文化產品價格在制訂之前要進行成本核算，只有透過成本核算才能明確文化企業的利潤目標。因此，成本核算與價格制訂是一個不可分割的整體。

※ 文化產品價格制訂（Culture product pricing formulation）

關於價格制訂相關的目標與各種方法措施的密切配合將有助於行銷負責人進行決策。此處列舉出三種方法：

文 化 產 品 價 格 制 定 方 式	
消費定價方式 （Consumer pricing）	根據傳統的行銷理論，最適宜的價格是消費者願意支付的價格。 1. 消費者承受臨界：事實上，消費者是與價格相關內容的最終裁判。把價格制訂在消費者願意支付的數字之下意味著失去潛在的利潤，若制訂價格過高，超出消費者期望，則將意味著失去銷售量。 2. 消費者資訊：瞭解消費者價格臨界值的最可靠方法是諮詢。由於有多種詢問方式，所以市場研究的技巧將會對定價很有幫助的。
競爭定價方式 （Competitive pricing）	文化企業根據競爭對手的價格來制訂自己的價格。由於不需要市場研究，所以這種方式較為簡單，而且也不用什麼花費。遺憾的是，這種方式等於是讓別人來決定消費者願意支付的價格。換句話說，文化企業產品所具備的不同特點也可能會被忽視，任何透過價格取得有利地位的可能將喪失。
成本定價方式 （The cost pricing）	成本定價方式很簡單，因為這樣制訂的價格能夠使生產商們感覺到，該價格以比較公正的利潤體現他們製作的文化產品。制訂這種價格需要對單位產出的成本進行核算，然後再加上利潤額。

文化企業行銷負責人經常運用以上所述的三種方式之一來制訂價格，同時也謹記存在於另外兩種方法中的一般原理。文化企業決定價格時不僅要依據競爭對手的價格，還要審查檢測它所花費的成本，同時能夠預見消費者的反應。

四、成本核算（Costing）與盈利（Profit）

　　不管採用何種定價方式，文化企業行銷負責人總是要考慮生產文化產品時形成的所有成本的總和。簡單地說，所計算的任何一種文化產品的總成本都包括兩種類型：固定成本和變動成本。

總 成 本 類 型	
固定成本 （Fixed costs）	固定成本不受所生產的單位產品數量的影響，這類成本包括：租金、員工薪資、集體保險和任何與文化企業產量水準相關的成本。
變動成本 （Variable costs）	變動成本按比例地與生產的產品數量或產品單位直接相關，這些成本包括：原物料（如：印刷書本的紙張）或交通費用（如：劇團巡迴演出增加的額外的城市交通費用）。

　　一旦知道構成全部產量成本的固定成本和變動成本，就可以計算損益平衡點。在價格決策中，損益平衡點是一個非常重要的概念。損益兩平有賴於售出的產品單位數量、每個單位產品的售價以及固定成本與變動成本的水準分佈狀況。

損 益 均 衡 點 計 算	
損益平衡點	按照已定價格獲得文化企業整體利潤的最低銷售量就是損益平衡點。
舉例計算	如果是一定量的產品，所有的固定成本為5萬美元，銷售價格為50美元，每單位產品的變動成本為25美元，那麼當2000件產品被銷售出時便達到損益平衡點。這意味著如果售出少於2000件，文化企業將面臨虧損；如果售出超過2000件，文化企業將會贏利。
計算公式	損益平衡點 ＝ 固定成本/總利潤 ＝ ＄50000/（＄50-＄25） ＝ 2000個

文化企業損益平衡點示意圖

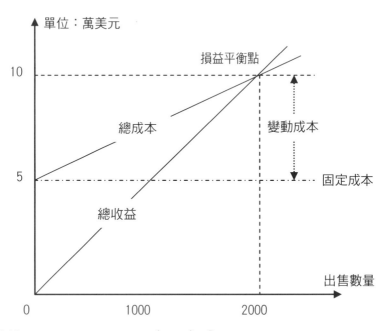

參考資料：Thomas B. Lawrence , N. P. （2002）.「Understanding Cultural Industries.」 Journal of Management Inquiry 11: 430-411.

　　文化企業行銷負責人可以根據相關不同價格水準的假設，運用這項技術指標來評估投資新文化產品的風險。

第二節　文化產品定價的策略分析

　　在制訂價格時，文化企業要在若干種策略中進行選擇，每一種策略都有可能影響到消費者的直覺感受。制訂價格做為一種市場行銷的方法，在不同的目標場合有著不同的實施策略，我們透過下表來具體瞭解和分析：

價 格 制 訂 策 略

浮掠與滲透 （Floating ransacking and infiltration）	1. 浮掠價格（Floating ransacking prices）： 先以高價推出它的文化產品，目的是獲得單位產品的最大利潤，之後再逐步降價增加銷售量。 ① 獲利方式： 這一戰略消費目標是為消費特殊產品而準備付出高價的公眾群體。不過為了能夠使更多的但對價格比較敏感的消費者使用該文化產品，文化企業以後會逐步降低該文化產品的價格。 ② 適合的產品： 如果文化產品是唯一的，有著獨特的屬性，並且享有很高的聲望，或者享有一定的壟斷權，或其他文化企業進入的門檻很高，浮掠戰略則是非常適用的。 2. 滲透價格（Infiltration prices）： 市場滲透戰略則相反，它透過制訂盡可能低的價格來售出盡可能多的文化產品。 ① 獲利方式： 依靠售出的單位產品的數量來獲得豐厚的利潤，是為薄利多銷。 ② 適合的產品： 這種方式適合大眾化日用產品。消費目標瞄向比較大的區隔市場和那些精打細算的消費者。
降價策略 （Lowering price strategy）	1. 批發價： 分銷通路的經營者運用功能性縮減的方法來增加零售商的忠誠度。他們對批發商降低價格，這就大大增加批發商的利潤空間。 2. 數量折扣： 鼓勵那些在分銷通路中每次購買很多文化產品以增加他們的存貨的人，這一方式有助於增加生產商的獲利空間。

降價策略 （Lowering price strategy）	3. 季節性降價： 　是用來鼓勵分銷通路的人員事先預定商品。也就是說，在季度開始之前就得預訂好。這種形式的降價把倉儲的壓力轉移給批發商和零售商。 4. 折扣： 　是指賣主對一定時期內支付票據的買主在價格上給予優惠的降價措施。 5. 補貼或補償： 　主要是用以獎勵分銷通路的人員，以鼓勵他們為文化企業努力促銷文化產品──如：補貼或獎勵零售商為促銷文化企業產品所做出這種努力。
品牌價格 （Brand price）價格對於消費者在產品的評價方面具有心理作用。	1. 高價標籤增加期望值，同時似乎也降低感覺到的風險。實際上，高價通常會使顧客放心，標高價甚至是優質「金印」的象徵。 2. 品牌定價或聲譽定價，實際上提高所消費商品的價值，由此賦予它「附加價值」並減少所預見的風險，同時為文化企業帶來更大的利潤。 3. 附加價值這一因素還吸引一群注重品牌和設計樣式的消費群體，該區隔市場之前也許還未受到基於其他行銷組合變數戰略的影響。 4. 在品牌定價戰略中，必須要取得來自目標顧客群體的心理與物質的優勢。如果不能做到這一點，這一戰略將導致相反的結果。

定義	一開始的高價逐漸降低以達到更多的市場區隔。	一開始的低價以阻止最小限度的競爭者加入，以獲得長遠的利益。
目標	最大化短期利潤。	最大化長期利潤。
優點	費用從一開始時就列入利潤中。	快速的進行市場滲透，擴大市場銷售量，減少競爭。
前提條件	高產品品質，難以複製，市場區隔，對價格冷淡。	市場對價格敏感，長期經營，形成規模。

品牌定價曲線圖

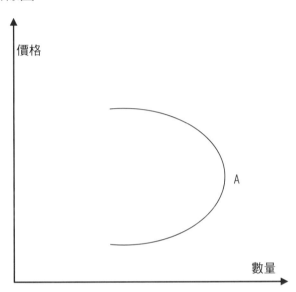

參考資料：Gabor,A.,and C.W.J.Granger.1966.「Price as an Indicator of Quality.」Economica（February）.

　　顯然，我們可以看出，價格變數在市場行銷中具有充分的靈活性，但我們更應該清楚的是，價格的這種靈活性也是相對於不同階段、不同環境場合、不同的市場訴求而確定和存在的，在運用價格策略促進文化產品行銷時，我們切記要體現出科學性、合理性和市場性。

第三節　包默的價格變數原理

　　沒有哪本書就價格變數的問題不會涉及到包默原理（Baumol's Law）。包默是美國學者，他的獨具創新意義的論文（1967年），說明由於產品成本的增加使得文化企業所面臨的結構性的問題。包默對於這個問題解釋如下：

119

包 默 原 理
1. 在整個經濟環境中，文化工作者的薪資要比其他行業工人增加得快。
2. 文化工作者薪資在文化企業中佔據產品成本的大部分。
3. 在總體的經濟環境中，文化行業所花費成本的增加要比別的行業產品成本增加得快。

讓我們來比較一下傳統製造業與文化企業的成本價格，就能明白其中的原因。

製 造 業 與 文 化 企 業 的 成 本 價 格 比 對 分 析	
製造業的成本價格分析	文化企業的成本價格分析
1. 商業文化企業根據他們所耗費的支出來制訂價格，為了生產商品和提供服務，別的支出構成部分的價值也要被列入價格中以保證利潤。	1. 在文化企業中，文化產品的成本並不會因生產力的提高而降低，因為文化企業的產品生產主要依靠人，而不是設備，其主要成本是薪資，而薪資是只能上漲而不能減縮的。
2. 大量生產使得商業文化企業需透過區隔其固定成本，以及在更多的單位產品數量上攤平薪資比例的方法來盡可能地節省開支。這樣可以盡可能地降低單位產品的成本。	2. 薪水的增加並不能透過勞動成本降低的方式進行補償，無論是員工，還是他們調配產品所需要的時間，都不能被任意削減。
3. 透過技術進步以提高生產能力，或透過減少生產次數以便獲得利潤。	3. 技術進步對降低成本產生的效果不大。
4. 透過提高生產力，他們既降低價格又提高員工的薪資。薪水的增加並沒有使整體產品的成本增加，他們只是將由於降價與加薪造成的生產花費攤平。	4. 文化企業不增加收入，也就無法增加文化工作者的薪水。文化企業不能透過提高生產力來取得更多的好處和利益。只能透過更好的創意產生更高的價格，帶來更多的銷售以增加利潤。

包默的結論是，對文化企業而言，它們有足夠的資金並且像其他行業的組織、文化企業一樣以相同的比率來提高員工薪水。包默解釋在文化企業為什麼不能靠提高生產能力以及為什麼勞動成本佔主導性地位的現象。文化企業只有不斷地產生新創意，吸引消費者，才是獲取豐厚利潤的最佳途徑。

第七章　文化產品的分銷策略

就文化企業而言，從生產者到消費者這一通路裡，要經手各種不同的仲介機構或代理商，他們依據個人的價值判斷和市場回饋資訊，對產品都有一定程度的選擇權，這一中間選擇過程可以被視為「第四板塊市場」。就文化企業而言，其他的市場分別為政府部門類型的市場、消費者市場、投資人市場和分銷代理市場。

在本章的開始，我們將把分銷做為一個變數進行定義，並仔細檢視文化產品的分銷環境。我們首先要研究文化企業的商業關係以及分銷通路的仲介結構。接著我們的關注焦點將慢慢地轉向一些主要的戰略方面。我們還要說明一下文化企業的後方勤務，包括在這一網路中的「夥伴」──有形分銷通路（貨流或物流）裡的商品流通等內容。

最後，在選擇商務或文化機構的地點時我們將要明確所要考慮的主要因素。

第一節　文化產品分銷的定義

分銷是文化產品由生產商到消費者之間所進行的買賣過程。分銷不僅意味著文化產品的市場流通，而且還意味著文化產品的「二次」加工，當然，這裡所說的「二次」加工指的是文化產品的市場包裝和宣傳。在本節中，我們來瞭解分銷概念的定義。

一、分銷變數（Distribution Variable）三要素

分銷變數包含三個不同的要素：分銷通路、物流、商業用地亦即貿易區。

分 銷 變 數 的 三 個 不 同 要 素	
分銷通路	分銷通路或分銷網路包含所有在將文化產品自製造者銷往消費者的商品流通中發揮作用的環節。如：經紀機構、各級代理商、零售商等。
物流	物流指的是由分銷後勤決定的文化產品供給到消費者的情況。如：運輸、倉儲、商品清單管理、定價程序以及商品的買賣和包裝。
商業場地或區域	商業場地或區域是所選擇的有形的具體位置，在那裡文化產品可以被購買或消費，如：零售的攤位、音樂廳、博物館、影劇院、書店或圖書館等等。

二、文化產品消費者的消費形態

在文化產業市場領域，消費者的消費形態決定文化產品的分銷模式。

消 費 者 兩 種 不 同 的 消 費 形 態	
為群體消費而設計的文化產品	消費者透過在指定的時段並且在某處彙集以獲得這種文化產品（或服務），如：一次文化展覽或巡迴展覽。
為個體消費者設計的文化產品	這些文化產品在消費者想要得到時隨時隨地都能享受到，如：自己享有的唱片、圖書和影碟均屬於此類。文化產品會以有形產品的銷售方式，以及網路下載方式進行銷售。

依據消費形態所進行的文化產品歸類的系統顯示，時間、地點與消費過程發揮重要的作用。

消費者在決定消費活動的地點、時間和時間長短方面的作用						
因素	演藝	展覽	電影	數位影音	書籍	藝術品
地點	－	－	－＋	＋	＋	＋
時間	－	－＋	－＋	＋	＋	＋
消費時段	－	＋	－	＋	＋	＋
技術成分	－	－	－	＋	＋	＋

注：「＋」號表示不受該因素限制，「－」號表示受該因素限制。

對某些產品而言，消費者完全控制消費的時間、地點與持續時間。如：消費者可能會選擇在家裡、在汽車上、捷運或高鐵裡以及在吃午飯的時間閱讀圖書。同樣，同一位消費者還可以決定什麼時候以及怎樣進行快速閱讀、是否要重讀……等等。

第二節　分銷通路

分銷通路（Distribution channels）包括所有在生產商（或產品的原創者）與最終消費者之間架構橋樑的不同代理機構。它們是受雇傭的中間者，實際上從來不佔有產品，而是介入生產與消費過程中。在文化產業市場領域裡，這種描述可適用於所有從事把作品推廣到消費者的經紀活動。

一、仲介代理（Medium Agent）的職責

仲介代理的首要職責：減少製作者或生產商，和已知及存在或潛在的消費群體所要維持的重複性的聯繫。

經紀機構或代理商所做的不僅僅是減少市場中不同參與者之間接觸的次數，他們還能夠發揮若干別的重要作用：後勤、交易和支援。

仲介代理的職責	
後勤	在整個分銷通路中，各種不同的代理機構在分銷文化產品中處理一些後勤工作。他們不僅僅顧及運輸和看管倉儲，更重要的是，他們使文化企業能調整文化產品的數量與種類。結果：消費者能在某個地方找到他們想要的文化產品，而生產商或製作者能夠充分顧及到消費者對於文化產品的品質水準的要求。
交易	分銷通路的商務作用與後勤服務一樣都是十分明顯的。代理商或經紀機構在商談與簽訂協定時，他們擁有文化產品的所有權──這種所有權即便不是實體上擁有，至少在法律上是認可的。他們還可進行文化產品促銷，可以與消費者進行交易。製作人從承辦者那裡獲得經驗、當地市場的相關資訊以及對文化企業形象評價的好處。
支援	資助服務的功能可以使文化企業將別的重要的責任委託給仲介機構。透過與製作人簽訂協定，承辦人承擔起與文化活動相關的風險，並同時承擔一些必然涉及到的費用問題──如：促銷費用。所以，透過與消費者更多地「接觸」，承辦者往往會提供豐富的資訊資源。

顯然，根據不同類型的銷售通路，仲介機構或代理商執行不同的職責。有時候，仲介機構承擔以上所描述的所有職責，但有的時候，這些職責也可能被通路中不同的合夥人共同分擔。

二、批發商（Wholesalers）與零售商（Retailers）的職責

批發商與零售商的職責	
批發商	批發商是指大量購買廠商產品再銷售給零售網點的商業公司。批發商的基本職責是解決市場的供需問題，調節社會生產和消費，保證供應，穩定物價。批發商一方面要及時向生產部門提供市場需求資訊引導生產；另一方面要指導消費，提供資源方面的資訊，以及新產品的功能、特點等情況。
零售商	零售商是指將廠商生產的商品直接面對最終消費者進行銷售和服務的商家，處於商品銷售和流通的最後階段。零售商直接為最終消費者提供服務，它的職責包括採購、銷售、調查、存貨、拆零、分包、加工、傳遞資訊、提供銷售服務等。在地點上與消費者最為接近，在時間與服務方面，以方便消費者購買為主，它同時也是聯繫生產企業、批發商與消費者的橋樑，在產品分銷與服務途徑中具有重要作用。

三、分銷通路的類型

依據每一種層次的分銷通路，不同仲介代理的數量決定著該種分銷通路是複雜還是簡單。很顯然，最簡單的就是製造者直接出售產品給顧客。

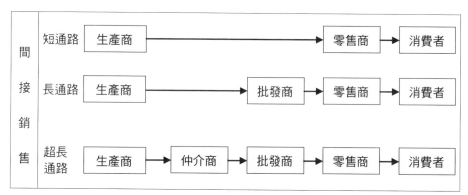

　　事實上，商家會透過不同的分銷通路來銷售它們的產品。如：在出版行業，圖書銷售至少要經過三個通路：零售、學校和圖書館以及直接銷售。

分 銷 通 路 分 析	
多通路分銷	一家文化企業可能會決定求助於不同的分銷系統來適應特殊的需求或者產品，或者充分利用它的能力來負責管理由分銷通路所發揮的某些功能。
仲介公司	分銷網路中的仲介機構愈多，產品的價格就愈高，因為每家仲介機構都要敷足費用，但它仍然能以相當有競爭力的價格來增加利潤。
長線分銷通路的缺點	長線分銷通路最主要的缺點： 1. 缺乏靈活性，此一不利因素產生於大量的仲介機構或代理商，這就基本上削弱生產商的調遣能力。 2. 文化企業無法對產品出售的形式進行控制。 3. 仲介機構愈多，生產商與消費者的距離就愈大，而生產商對消費者的影響力就愈弱。
長線分銷通路的優點	製造商在長線分銷通路中降低成本，如：銷售團隊通常會被縮減到最低限度，因為企業只是跟有限的代理機構進行交易。

簡而言之，與長線通路的劣勢相對應的是短線通路的優勢，反之亦然。仲介代理愈少，文化企業在產品行銷方面直接的影響力就愈大；另一方面，通路愈短，製造商的成本就愈高。

四、分銷通路的經營管理

我們可以用四個目標與三個戰略決策簡要地描述分銷管理的主要內容。

分 銷 管 理 的 四 個 目 標 與 三 個 戰 略	
四個目標	1. 利潤最大化。意味著首先要使銷售量最大化。 2. 成本最小化。 3. 在銷售通路上使合作最大化。 4. 使生產商對成員的影響最大化。
三個戰略	1. 分銷通路的選擇和長度。 2. 分銷戰略（密集的、有選擇性的和專門化的）。 3. 整體的、每個分銷階段的仲介機構的數量和選擇。

分銷管理的四個目標與三個戰略是生產商最終取得利潤最大化的有效措施，並且有效地實現生產商與仲介機構或代理商最大化的合作，保障分銷管理工作順利的進行。

第三節　分銷戰略

分銷戰略（Distribution strategy）是在長期的分銷經營管理中形成並廣泛得到應用的市場行銷經驗和模式，具體來說，分銷戰略包括兩種主要類型：一類是密集型戰略（Intensive strategy）、選擇型戰略（Strategic options）和專門型戰略（Specialized strategy），另一類是推拉型戰略（Push-pull strategy）。

分 銷 戰 略 的 類 型		
密集型戰略		密集型分銷戰略透過盡可能多的銷售點來實現最大限度的文化產品銷售量。在這一戰略中，製造商對所有的零售商不加選擇，只要他們對其文化產品感興趣。
選擇型戰略		選擇型分銷戰略是依據特定的標準來選擇零售商。這種形式的分銷防止所有的零售商推銷同樣的文化產品。不過這種挑選方式適用於通常與文化企業形象相關的特定目標。
專門型戰略		一旦生產商選擇將與他們做生意並認同其獨特性的零售商，他們將被告知採用專門化的策略。在這種情形中，零售商在特定領域的指定文化產品上享有壟斷權。當文化企業將某一文化產品授權給一個特定地區或範圍的分銷商時，常常會採用這個戰略。
推拉型戰略	推進戰略	在推進戰略中，文化企業向零售商提供高額利潤空間，以便他們加倍努力地向顧客促銷和銷售指定的文化產品。文化企業可以透過縮減廣告預算來提供這一筆額外利潤。他們假設，為某一品牌賺取更高利潤的零售商，將會更努力地推銷那一品牌。
	回縮戰略	與推進戰略相反，回縮戰略則牽涉大量的廣告投入以產生足夠強烈的需求，使零售商願意銷售文化產品以便取悅於顧客。

第四節　分銷的商業區域

商貿區可以被解釋為「產品銷路通往造就銷售量及招徠顧客的一個地理空間」。每一個地區特定的銷售點，其吸引力是各不相同的。實際情況是，銷售點離顧客愈遠，那一地區的吸引力就愈小。因此，合理制訂產品的分銷區域對產品的銷售業績成長至關重要。

一、三種商貿區的限定

在貿易區內，吸引力因強度的不同而被劃分為三個區隔層次，它們依次是：一級商貿區、二級商貿區和三級商貿區。

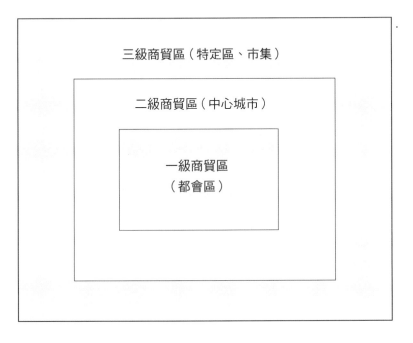

商貿區的三個區隔層次圖

商貿區的三個區隔層次	
一級商貿區 （都會區）	一級商貿區內擁有來自接受服務的最主要的顧客群。換句話說，根據前來消費的顧客人數，它是總區域範圍內顧客群人數最密集的部分。依據商業類型、區域的地理特徵或居民的社會人口狀況，這一塊地區可以擁有80%以上的顧客。

二級商貿區 （中心城市）	二級商貿區包含次要的顧客群。在這一處，商品銷售量在20%到40%之間徘徊。這是一塊極易受到進攻性商業競爭的地理區域。
三級商貿區 （特定區、市集）	三級商貿區基本上擁有10%到20%顧客的剩餘區域。這些顧客只是偶然在商店購買物品，或只是極少的顧客。如：旅遊者偶爾逛一逛。在這種情況下，每一家商店都有一定的範圍區域，商店對這一範圍區域幾乎沒有什麼影響。

二、商貿區（Commercial trade region）概念的意義

有關商貿區結構、輪廓的論述是十分有用的，它可以被商業文化企業運用以完成以下八大目標：

商 貿 區 概 念 的 意 義

1. 以貨幣來估算商業區域內的需求並且把這一需求和手頭的銷售量做一比較。計算結果是這家文化企業的市場銷售量。
2. 估算未來的需求以及這一需求對商店銷售額的影響，特別要考慮到假如這一地區正在規劃新的住宅區建設的可能性。
3. 決定長期、短期和中期的市場銷售量和銷售目標。
4. 估量本地區內以及三級商貿區中每一級商貿區域內競爭的影響。
5. 努力取得並熟練地掌握生活在「流行」銷售區域內群體的社會經濟概況，目的是使行銷組合更加適用於潛在的顧客。
6. 根據潛在的消費者以及區域的地理性的限制情況，規劃促銷活動。文化企業在廣大的區域分發印刷廣告，無疑是在浪費時間和金錢，相對而言應當在針對性的商貿區這樣做；與此相反，文化企業只要在商貿區內進行促銷，就可以增加促銷活動的覆蓋面。
7. 透過對潛在商貿區的嚴密規劃並且比較各個產品的銷路，進行新產品的開發。如：假設未來的商貿場所與已存在的銷路特點相似或完全一樣，文化企業可以預測該商貿場所的產品、區域範圍或規模，甚至是文化企業新商店的大小。
8. 透過擴增現有的分店或開發新的銷路進行擴張。

三、決定商貿區範圍和結構的因素

決定商貿區域範圍與結構的主要因素有三：產品、文化企業的行銷戰略，以及消費者對文化企業或產品的瞭解。

決定商貿區域範圍與結構的三種主要因素	
產品	「產品」用在這裡是做為宏觀意義來理解的，它包含所有的消費品。銷售便利商品的商店，其商業區域通常限制在2公里之內，而選購性商品或特殊產品的區域則可擴展到5公里、10公里甚至是20公里。書店、補習班、音樂廳、博物館、藝術畫廊、唱片商店和電影院統統歸屬於特殊品或選購性商品類，因此通常有廣闊的商業地帶。
文化企業的行銷戰略	文化企業針對性選擇一些特定的區隔市場目標，就會造就居住在周邊地區的某些特定的顧客群，因此也形成商貿區這種特有的形式。
消費者對文化企業或產品的瞭解	商貿區的範圍和結構取決於消費者怎樣看待某些因素。如：路途的長短、每一段到商場的路線，都應該做為現實或心理的屏障進行評估。事實上，路線是短的，但在消費者印象中，它離家或離某一參照地點的感覺卻很遠。相反的情形也可能出現。基於這種印象，商貿區就變得十分地有彈性。

分銷通路不應簡單地視為從製造商流入消費者的商品流。它實際上是一個社會性的網路，其中人與人之間的聯繫，諸如人際交流溝通、人際矛盾衝突等等一些人為因素都直接影響著分銷通路並影響到文化企業的活力。

第八章　文化產品促銷策略及其變數

　　促銷對任何一家文化企業的行銷戰略都是至關重要的。促銷實際上是在文化企業與市場之間架起的一座資訊溝通的橋樑，這種資訊溝通，一般來說是企業主動可控制的，具有實際的操作性，是文化企業面向市場推銷自己、展示自己的行之有效的途徑。

　　本章我們將要說明的是促銷的手法、它們的作用以及根據已設定目標而制訂的選擇標準。接著我們要確定溝通方案的各個組成要素。最後說明的是做為文化活動主辦者法寶和做為一項收入來源的贊助行為，它是任何文化企業都無法忽略的一部分。

第一節　文化產品促銷的目標與方法

　　行銷、廣告和促銷常常被人們混淆，實際上它們的概念是不同的，用一個最簡單的解釋就可以對它們進行基本的區分：廣告實際上是一種促銷方法，促銷是行銷組合的一個變數，而行銷組合又是整個行銷模式的一部分。

一、促銷目標（Sales targets）

　　促銷是首要的，也是最重要的溝通交流的方法，又是傳遞文化企業資訊和形象的工具。文化企業直接支配駕馭這種溝通並決定如何管理他們的形象和資訊內容。

　　在實施過程中，促銷要完成以下三個重要的目標：

促 銷 的 三 個 重 要 目 標	
資訊 （Information）	使顧客瞭解文化產品的存在，並且提供文化產品的必要細節，如：文化表演的時間和地點、票價以及可接受的付款形式。
說服 （Convince）	透過別的誘發性因素：圖書的特色、展覽的品質、節目的獨特性、容易到達和付款方便、社會威望或認同感以及豐富的個性等等，來說服消費者購買文化產品。
教育 （Education）	給予顧客所需要的評價文化產品具體特徵的方法和標準。這一舉動對於某個特別門類而言，能夠增加消費者的數量，只有這樣消費者才能更好地瞭解文化產品並因此選擇消費。

二、促銷方法

促銷所採用的四種主要方法是：廣告、個人推銷即直銷、公關以及促進銷售（促銷）。權衡何種促銷方法的輕重取決於文化企業的預算或某種產業自身的傳統。

促 銷 的 四 種 主 要 方 法	
廣告	廣告可定義為文化企業花錢與預期目標市場進行溝通的客觀方式。廣告資訊會在不同的媒體上出現，如：電子的和印刷的。
個人銷售	個人銷售或直銷，是指透過直接的聯繫將銷售資料從一個人傳達到下一個人。這種技巧使銷售者能直接面對消費者，處理消費者不進行購買的原因。個人銷售可以是面對面的，也可以是對一個人或一組人進行的電話銷售。
公共關係	公共關係被定義為「評價公眾態度、結合個人或組織與公眾的興趣、規劃並執行行動方案以贏得公眾的理解並最終接受的管理職責」。文化機構公共關係的「寶庫」中主要的武器之一 —— 宣傳，免費在媒體上對文化產品或文化企業進行促銷活動。

促銷	文化產品的促銷可以分為三個環節：輔助性銷售（銷售援助）、刺激性專案或計畫以及副產品。

正如前面所提到的，促銷採用四種主要方法：廣告、公關、促銷以及個人銷售。每個組織都有自己的方式和標準以決定採納各種方法的比例。如：一些團體也許只能採用公共關係（主要是宣傳）方法所提供的免費的促銷活動，小型的文化企業經常製作印刷廣告或製作海報，但也集中力量以獲得媒體的覆蓋面。

第二節　文化產品促銷的作用與資訊回饋

促銷的主要功能有兩種：

一、溝通資訊。

二、在顧客中造成變化之感。

溝通資訊與在顧客中造成變化之感兩者之間又有著內在的必然關聯。溝通資訊促進企業與顧客之間資訊的雙向交流，增進彼此間的瞭解，這對於二者都是非常必要的。顧客透過促銷資訊來決定自己的消費取向，企業透過促銷資訊在顧客中展示自己的動態，樹立自己的良好形象，進而刺激顧客的消費慾。

一、溝通資訊

文化企業所要傳達的資訊可以運用一種或數種符號（圖示的、形象的、圖畫式的、書面式的、象徵性的，甚至彩色的），它們要被顧客能夠正確感知和理

解。施南姆溝通模式為我們具體、清晰地闡釋這一溝透過程，我們先來看施南姆溝通模式圖：

施南姆溝通模式圖

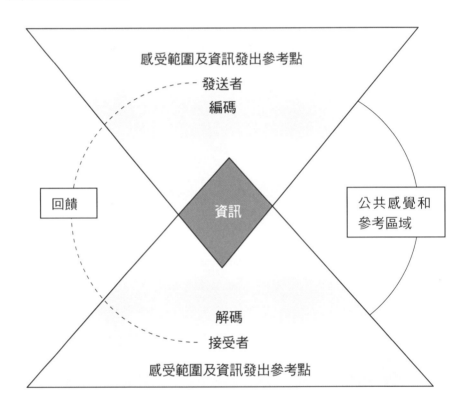

參考資料：Adapted from Schramm,W.1960.「How Communication Work」,in The Process and Effect of communication. Urbana,IL:University of Illinois Press.

施南姆模式將溝通過程劃分成八個組成部分的說明：

溝 通 過 程 的 八 個 組 成 部 分	
發送者	開始溝通行為的人，發送者必須是個人、組織或團體。
編碼	合併與協調做為傳遞資訊意圖而設計的符號、標誌、顏色或其他可視內容 ── 包括所設計的圖形的或書面元素，此一過程是編碼的階段。
資訊	做為溝通的基石，它由標識、符號以及其他元素組成，它們被組合並被傳遞給接受者。
解碼	接受者努力去理解發送者運用的標識、符號、顏色和其他元素的組成和意義。
接受者	可能是個人、組織或集團，他（它）們可能會預先感知或沒有預先感知發出的資訊，因此如果目標接受者沒有「捕捉」到信號，就說明資訊雖然發出卻未被接收。
感受或經驗的範圍	是指溝通中感受的範圍、程度。實際上有數個感受領域而不僅僅只有一個。如：發送者的經驗，包括他或她以往的經驗及溝通常識；還有接受者的經驗，在接受與解譯收到的資訊時會融入他或她所有的經驗、感受。
參考點	包括發送者與接收者用來理解溝通行為的所有參考基數，這種參照體系或參考點是個體之間或團體之間在溝通過程中相互影響、相互作用的整體經驗和知識。
回饋	是接收者對資訊的反應。回饋很重要，因為它能夠使發送者根據接收者的反應做出及時的理解，並用來調整溝通過程。

二、在消費者中造成變化感覺

除了輸送資訊，促銷還充當促成變化的催化劑。當做為這種催化劑時，它將努力使顧客對產品產生積極的態度，並最終促成產品的銷售。

促銷的功能可以分為連續性的四個步驟：引起注意、誘發興趣、引發慾望、刺激行動。這四步就是著名的「AIDA」（「注意」、「興趣」、「慾望」、「行動」四個英文單詞字首字母縮寫）。

AIDA 公 式	
A	Attention　引起注意
I	Interest　誘發興趣
D	Desire　引發慾望
A	Actions　刺激行為

從上表中我們可以看出，促銷功能的四個連續性的步驟是一個遞進關係程序，前後互為因果，這是各種促銷活動都必然所依循的基本原則。

三、資訊防禦機制

被稱為「防禦因素」的心理過程在削減甚至是阻塞大眾媒體傳送的資訊上發揮著重要作用。

資 訊 防 禦（過 濾） 機 制 類 型	
選擇性感知 （Selective sensation）	選擇性感知意思：消費者因個人緊急的或重要的需求而只注意特定的資訊。如果這些需求十分強烈，消費者會非常主動去接收產生購買的資訊。這一種機制解釋為什麼消費者在櫥窗中專注於尋找一本所渴望的書本時甚至會看不到陳列在那裡的其他書籍這一現象。
選擇性考慮 （Selective consideration）	選擇性考慮在對廣告資訊解碼時會起到作用。消費者根據他或她的需要和價值觀去闡釋那些標識（顏色、符號、形狀等）。如：在人們的意識中，紅色或橙色與溫暖的感覺相關，而深藍則與寒冷相聯。標誌或符號必須慎重選擇，否則潛在的顧客將會誤解資訊。
選擇性記憶 （Selective memory）	選擇性記憶，它使得消費者僅僅保存接收到的和理解的資訊的一部分。新奇的事物、重複的事物和興趣對於人們的記憶有著極大影響，而消費者的需求和價值觀同樣對資訊的保留有著明確的意義。

　　以上的三種資訊過濾選擇形式將決定消費者的消費取向，使得消費者的消費行為趨於直觀和相對直接，但無疑的，資訊防禦（過濾）機制對於文化企業資訊向消費者的傳達是一種阻遏。

第三節　文化產品促銷中的溝通方案

　　行銷負責人一旦確定消費目標群體，基於設定目標和所達到的區隔目標市場而進行的開發戰略時機就來到。但要抓住這個戰略時機有效的實現促銷目標，必須進行溝通，為此我們需要制訂一套高效的溝通方案。

一、任何溝通方案所必須回答的基本問題

溝通方案是實現目標以及贏得特定區隔市場的實用性的工具。該方案能夠使文化企業在若干個關鍵參照性的因素中考慮採用哪一種方法。

溝 通 方 案 必 須 回 答 的 問 題	
誰 （Who）？	文化企業要瞭解方案所設計的文化企業形象 —— 也就是顧客對文化企業的瞭解情況，以此來進行有效的促銷活動。在這裡，行銷負責人或團隊要回答的問題包括： 1. 公眾怎樣理解文化企業和它的產品？ 2. 從競爭角度來看，文化企業如何進行權衡？ 3. 所設計的形象能夠準確地反映所期望的形象嗎？
什麼 （What）？	文化企業必須決定發送哪一種資訊，其關鍵的問題包括： 1. 產品有哪些優點？ 2. 顧客購買的動機是什麼？ 3. 依據溝通和交流，文化企業的打算、意圖是什麼？ 4. 形象能改變嗎？ 5. 宣傳產品的時機成熟嗎？或者說必須將潛在顧客提升到購買階段嗎？
面向誰 （Face who）？	文化企業要區隔它的市場並決定誰會是資訊最終的接受者。換句話說，這些問題如下： 1. 哪一區隔市場肯定被確定為目標？ 2. 誰是決策者？ 3. 目標市場的基本狀況如何？
如何 （How）？	文化企業要考慮到達區隔目標市場的最佳方式。以下的問題應被提出與回答： 1. 目標區隔市場通常會向哪一種媒體進行諮詢？ 2. 印刷媒體或電子媒體會備受偏愛嗎？ 3. 為了使資訊抵達目標群體的絕大多數，應該採用哪一種媒體？

如何 （How）？	4. 哪一種行銷方法（個人銷售、廣告、公共關係或促銷）最為常用？ 5. 應當採用哪一種代碼（顏色、象徵符號等）？ 6. 應當運用哪一種優勢特徵（聲譽、品牌、易接近感、新奇、排他性或專門化）？
什麼時間 （When）？	假設選定一種特有的通路，在既定的諸多目標和有限的市場前提下，文化企業要決定何時傳送資訊。以下問題應當被提出： 1. 媒體和廣告安排的截止時間如何？ 2. 哪一天最適合做廣告？ 3. 目標市場人員的購買或逛街的習慣怎樣？
有什麼結果 （Has any result）？	文化企業還要制訂可估量的目標，它能夠使文化企業對促銷的努力程度做出判斷。以下的問題可以說明溝通方案是如何產生效果的： 1. 銷售量增長幾個百分點？ 2. 如何轉變態度？ 3. 預期目標和已經實現的目標有實際差距嗎？如果有，原因是什麼？ 4. 文化企業擬訂過它所支配的所有的資源嗎？ 5. 文化企業是否濫用它的資源？ 6. 溝通方案是否抵達到那些還不瞭解產品的消費者目標群？ 7. 最後也是最關鍵的：消費者最終購買產品嗎？

二、溝通方案的內容

將溝通方案定義為「一系列規定性的決策和實施」，目的是「建立溝通通路，以便決定在活動中應該涉及哪些因素以及估算所需的費用」。溝通方案要求一些事前的分析以便對一系列有著規定性的決策產生啟發。

1. 溝通方案的步驟

　　經過對形勢的分析，行銷負責人或部門組織要設定溝通目標、做出預算並且針對行銷組合每一個要素的具體戰略制訂出總體促銷戰略。對於每一個要素所要做出的三大決策是：首先是確定基本的思路，確定措施或方法；其次是確定預算；最後，戰略必須被實施和監控。

2. 設定溝通目標

　　任何促銷活動都需要明確的溝通目標，目的是使該目標跟行銷戰略的目標相適應。當然，市場目標和溝通目標本質上是不同的。

　　行銷目標依據市場銷售量或銷售額加以描述，而溝通目標與文化企業期望在顧客消費過程中發生的改變相關聯，溝通目標通常包括不斷增長的意識，亦即保持當前購買意圖的比例或者及時地調整消費者的偏好。

　　在任何情況下，這些目標必須定量表述以便於衡量取得的結果。

3. 制訂促銷預算

　　一般來說，擬訂促銷預算是任何一家文化企業都要面臨的棘手問題。遺憾的是，並沒有絕佳的解決方法或者是靈丹妙藥可以使得行銷負責人能夠在促銷活動中確定最佳的投資量。不過，即便是沒有最佳的方法，但卻有規律可循，那就是制訂促銷預算的三個基本原理和五種實用方法。

制 定 促 銷 預 算 的 三 個 基 本 原 理 和 五 種 實 用 方 法	
三個基本原理	我們可以用以下三個基本原理來設定投資量的上限： 1. 每增加一元的投資都必須有助於文化企業利潤的增長。 2. 每增加一元至少要產生一分的利潤。 3. 銷售費用必須低於銷售收入。

五種實用的方法	我們可以用以下五種實用的方法來為文化企業進行計算促銷預算： 1.「與往年類似」的方法意思是回顧前一年的促銷投資，並根據當年計畫的活動範圍和不同的環境因素，如：通貨膨脹、商品與服務稅收情況來調整投資。 2.「銷售百分比」方法意指根據已取得的銷售數字將以前的預算分成各個時段。這個方法主要是基於過去的情況，所以該方法可以使得行銷負責人設定好做為整體計畫的一部分而應用於銷售預測的百分比。 3.「盡可能多投資」方法可以應用於為促銷產品而大量投入資金的情形。行銷負責人常常透過持續的和重複的促銷努力來促成協同合作，以此來增加產品消費量。 4.「相對平等」方法意思是根據產業和部門標準來制訂溝通預算。 5.「目標與任務」方法是，首先對目標市場的深入分析，然後制訂溝通的目標和方法，最後計算出所使用的大概費用。

　　值得說明的是，我們在這裡所列舉的五種實用方法僅僅是如何估算行銷預算的幾個例子，它們既不是十分詳盡的，也不是唯一的，在此只是做為簡要的指導。文化企業可以結合五種方法或開發自己特有的方法來擬訂預算計畫。

第四節　商業贊助中的行銷策略

　　自20世紀80年代以來，基於「善行創造精神財富」的理念，贊助文化企業開始愈來愈傾向於「戰略性慈善事業」了。文化企業開始與非營利性團體展開多方面的合作，因為這些非營利性的組織可以提高雙方的認同度，並且在媒體的宣傳下提升文化企業在公眾心目中的良好形象，進而為文化企業產品的行銷打下堅實的基礎。

一、贊助和慈善捐贈的區別

不像慈善事業，用於贊助活動和事業性行銷方面的資金屬於商業性的花費；也不像捐贈，捐贈期望有助於文化企業行銷溝通以及在投資上獲得回報。

贊 助 活 動 和 慈 善 捐 贈 的 區 別		
項　目	贊　助	慈　善　捐　贈
公眾性	高度公開。	經常性的，很少大肆宣揚。
資金來源	通常是行銷、廣告或溝通預算。	慈善事業或慈善性捐贈預算。
目標	銷售更多的產品或服務；增強文化企業在市場、在較遠的捐助資金持有者（顧客、潛在顧客、地域性的群體）的文化企業形象。	培養文化企業的員工；增強文化企業較近處捐助資金持有者（員工、股東、供給者）的文化企業形象。
接受者／合作者	前者是活動、團體或文化組織、計畫及方案過程；後者是相關聯的事業。	前者通常反映規模性的捐贈，通常與事業相關（教育、健康、疾病、災難、環境），但捐贈可以是文化方面的、藝術性的，或事業性的；關於後者，有時資助專門為特定的計畫或工程而發起；有時它提供給實施預算。

二、贊助與消費者

消費者知道，文化企業進行商業活動是為了獲得利潤，可是如今，他們希望融入活動本身之中。

贊 助 標 準	
與被贊助機構相關的標準	組織者的技巧、活動潛在成功率。
與活動相關的標準	實現設定目標能力、潛在的媒體覆蓋面、活動受歡迎程度、財務處理、透過形象合作的潛質、觀眾類型、贊助類型、產品／文化企業的適應能力、活動覆蓋的地理範圍、與文化企業的共同點、公眾／觀眾的注意程度、活動所要求的義務、風險程度、與其他促銷措施的整合、擁有顧客的可能性、稅收優勢、副產品的銷售（如：紀念品）。
與贊助相關的標準	獨家資助的可能性、管理人員知曉計畫、政府部門批准計畫。
與市場相關的標準	競爭、政治或商業方面的壓力。

三、成功的贊助與事業性行銷的運用

　　文化企業應該推進贊助的雙贏活動，向潛在的贊助商提出要求、申請，不僅要考慮到贊助的需要，還要考慮到贊助商本身的利益。以下幾點對文化行銷者而言是非常重要的：

文 化 行 銷 者 應 該 考 慮 的 幾 點 內 容	
要像一般的行銷商一樣去思考	這意味著對文化企業適合市場銷售的東西（資產）的識別和分類是十分重要的，這些文化企業的內容包括名字或名稱、團體、公眾對組織和計畫的意識、董事會成員等。
盡可能多地瞭解文化企業的近況	閱讀商業報導，檢查文化企業的年度報告，審視其廣告和促銷活動。
明確目標	在接近某一市場前，要弄明白文化企業的目標市場是什麼。

提出贊助商的需求	文化活動的負責人要向文化企業說明，和他們建立的合作將會有助於贊助商銷售更多的產品或服務，同時也有助於文化機構。
確定首要的決策人	對於贊助和事業性的決策而言，介入其中的人不是機構的創辦人（如果他還在世的話），而是行銷部／銷售部的CEO。

在贊助活動的過程中，經常會遇到這種情況：一方面，贊助所投入的資金的數量持續上升，另一方面，贊助商卻說贊助議案的品質卻在下降。成功的建議、方案應當充分考慮下列因素：

成功的建議、方案應當充分考慮的因素	
一個比較好的建議是：賣錢而不是賣相	文化企業的負責人們往往以他們的設計、市場或活動感到自我滿足，因此他們的方案常常被描繪成有種種優點：具有社會事業性的貢獻，節日、音樂會或展覽的精彩，活動的經濟收益……等等。
成功的建議是要首先詢問贊助商需求什麼	一般來說文化機構申請贊助是著重強調要錢，但文化企業的贊助活動並不會對這種要錢的需求表現出太大的興趣，它們最想知道的是，贊助活動本身對於它們究竟有什麼好處？
成功的建議須是：為贊助商的經營而費盡心機	這就意味著不同的贊助商有著不同的利益要求。如：有關使保險公司贊助的建議可以集中在如何獲得文化機構的郵寄名單或董事會成員的名單這一工作。
成功的建議還包括使贊助商的促銷得以擴展	這裡有兩種類型的贊助利益。首先是根據協定而獲得的自動收益，它不要求贊助商去做任何額外的事情，如：顯示贊助商身分的附加材料以及現場簽名活動等。其次，贊助收益來自贊助商的能力，亦即透過商業貿易、零售以及銷售量的增長進而逐步建立贊助機構、發起活動和表演等方面的能力。

成功的議案要使預期的贊助商的風險最小化	對公司行銷部門或溝通部門負責人而言，讓媒體去購買要比讓贊助商去購買容易得多。贊助商合夥人要使贊助商明白，他們所提供的機會已經為其他文化企業考量過並且得到認可。
成功議案應當包括利益	這就意味著文化機構或活動應當依據贊助商實現目標的總體的影響標準來舉辦這項贊助活動，也就是說，當贊助文化企業獲得利益時，其總體利益要大於各個部分累加後的收益之和。
廣泛合作的機會	贊助應當給一家文化企業提供形成聯盟的機會，以便為該文化企業帶來一些透過其他途徑不能夠取得的資源便利。

四、透過談判達成贊助協議

透過談判達成贊助協定之後，就要隨時牢記贊助商與文化企業之間基本的商業關係。

有鑑於此，這就意味著簽訂合約是絕對必要的，而合約的內容應當包括：

贊 助 商 與 文 化 企 業 之 間 合 約 的 內 容
1. 文化企業與代理機構的目標。
2. 雙方所提供的商品和服務。
3. 涵蓋的地理區域範圍。
4. 合約開始及終止的時間。
5. 有創意的說明書或附件，內容包括商標、名稱、合夥人形象的使用權 ── 如：哪一方支配廣播上的廣告？「法定贊助商」的頭銜、稱號需要承擔什麼義務？
6. 關於資金如何計算、分配給文化企業多少銷售比例的細節。
7. 關於在法律／財務系統方面適當地追蹤和資金分配的資訊資料。

五、贊助的策略

文化企業應當研究開發並採用相關的贊助策略，這種策略包含的內容如下：

贊 助 的 策 略

1. 強調贊助夥伴關係的性質。
2. 將商業性活動的贊助跟捐贈加以區別開來。
3. 以明確的概念陳述文化企業所承擔的義務。贊助文化企業很想知道文化代理機構對於贊助合作事宜是積極而熱心的，而不希望聽到他們這樣說：「我們十分需要你們的資金，但我們不支持你們。」
4. 明白無誤地陳述排外原則（也就是排斥那些不願意做生意的代理機構）。
5. 必須清楚地說明贊助商與文化企業之間的權利。
6. 提出一個可解脫的條款以備文化企業解除協議，假如贊助商的行為和文化代理機構的目標相互抵觸的話。

伴隨對於贊助活動競爭的升溫，贊助文化企業期望它們的努力得到更加廣泛的認同。事實上，愈來愈多的文化企業已經從簡單的慈善捐贈轉移到與行銷活動沾邊的贊助上來。這些文化企業也愈來愈關注於瞄準和選擇文化機構，因為文化企業與其自己所擁有的消費階層非常相稱，換句話說，文化活動的贊助最終也是為了商業目的。

第九章 文化產品行銷中的資訊系統

　　文化產品的行銷資訊系統是行銷過程的基礎部分，因為它為決策提供所需要的啟示性資訊。行銷資訊系統是決策流程中的實證工具。行銷資訊系統使用三種類型的資料資訊：內部資料資訊、二手的或次要的資料資訊，以及原始資料資訊。內部資料資訊代表所有從文化企業內部獲得的資訊，如：銷售額和財務報告。二手資料資訊由公共或私營機構以報告的形式出版，這些資料可從公共機構或圖書館系統收集得到。原始資料資訊可以直接從消費者那裡得到，通常採用市場調查、民意測驗、研究或商業調查來收集，文化企業可以自己來做這項工作，或者委託交給專業文化企業來完成這一工作。

　　在本章中，我們將說明這一工作流程的全部內容，特別是說明資料資訊的來源以及收集原始、二手資料資訊所運用的方法。

第一節　內部資料資訊

　　任何文化企業都有自己的內部資料，內部資料這個名詞在這裡是用來表示文化企業內部發現的任何有利於決策過程的資訊。內部資料通常有六個來源：

內 部 資 料 的 六 個 來 源	
會計系統	會計系統能提供大量的讓人感興趣的資訊，如：文化企業總整損益平衡點或者是每一種個別產品的損益平衡點。該系統也能使行銷負責人評價行銷運作的效果如何。由會計系統提供的資料分析能夠用來為文化企業收集一手和二手資料提供指導。

銷售報告	文化企業也可以使用由票房或顧客帳單形成的銷售報告做為內部資料。票房資料能使行銷負責人繪製與前幾年相比的特定活動的銷售曲線。如果需要的話，還能決定採用什麼標準來評估。這些資料可以使文化企業基於所獲得的結果進行戰略修正。
顧客清單	顧客、訂購者或捐贈者清單，無論它屬於商業性或非盈利性內容，都是一個值得關注的資訊寶庫。如：客戶的地理分佈區域是確切的文化企業貿易區，使用這樣的清單是用於評價文化企業在特定地區或社區滲透效果的簡明方法，這種分析指出文化企業在哪些地點已經建立良好的基礎，而哪些地點還需要加強行銷力量。普查資料能夠提供進一步描述居住在那些地區顧客的社會人文概貌的詳細情況。
文化企業員工	要得到另外一些有用的資訊，行銷負責人只要看看那些與消費者直接接觸的文化企業員工就可以了。從事溝通工作或銷售工作的員工可以收集到那些對最終決策過程有極大幫助的資料。
先前的研究	當然，每一個分析者必須清楚地瞭解先期的研究或調查，雖然這些資訊可能已經過時，但它們能夠提供關於如何分析當前形勢的重要線索，有時甚至有必要重複檢驗來比對新舊資料。
報告類的網站	數量巨大的網際網路網站可以使文化企業更容易獲得在相關特定產業方面的資訊。如：所有在文化領域的專業協會都有自己的網站，許多網站還提供其會員機構的直接連結。另外，文化企業還可以透過核查網站頁面上的計數器來追蹤大多數訪問者。

　　要指出的是，由文化企業執行的調查或研究在其被研究時段是原始資料，但當這份報告做為一個文件被存檔後，它就成為內部資料的一部分。這些都是用於衡量文化機構工作的有價值的方法。

第二節 二手資料資訊

二手資料或次要資料是那些由政府機構或者私營團體發行、出版的資訊。這種類型的資料對於行銷負責人而言是非常有用的，因為它為評估產品需求規模及進展、產品市場的構成，甚至是行業自身的結構等方面提供必要的資訊。

一、二手資料（second hand data）的性質

使用二手資料最主要的優點在於，無論是從時間上看還是從費用上看，成本都很低廉。

二 手 資 料 的 優 點
1. 獲取這些資料只需要極少量的支出，並且這些資料能夠在一個較短時期內被收集出來，而透過市場調查來收集同樣的資訊就要花費幾個星期甚至幾個月的時間。
2. 二手資料資訊也會形成有助於指導提出取得原始資料的問題和假設。
3. 二手資料包括所有的為特定目標收集的資訊，這些資訊涵蓋自外部視覺觀察到文化企業展開調查所提出的問題和疑難。
4. 有時候，資料確實能為所需要研究的問題提供部分回答，不過在其他時候，又不能夠獲得由文化企業提出的具體問題、疑難的準確資訊。現有的資訊可能會過期，在這種情況下，過去用以整合、聯繫資料的系統方法對於想要重複並更新這些研究的調查者來說，是極其可貴的方法。

二手資料既可以從公共機構（public institution）中獲得，又可以從私營機構（private organization）中得到。這些資料可以從不同的公共機構出版的檔案資料裡查詢到，這些機構包括：政府部門及機關、辦事處、協會和學院以及研究所等，許多民意測驗機構和雜誌社也出版它們的調查報告。兩種不同來源的二手資料各有其優缺點，如下表所示，可以很好的相互補充：

公共機構資訊和私營機構資訊的優缺點簡表		
項　目	公共資料	私營數據
科學系統方法	＋	－
數據的標準化	＋	－
時間排序分類的可能性	＋	－＋
資訊綜合狀況	－	＋
資訊現狀	－	＋
注：「＋」號表示優點，「－」號表示缺點。		

　　應當指出的是，文化企業提出的問題愈具體而細微，使人感興趣領域的限制就愈多，二手資料能夠提供的資訊就愈少。在這種情況下，就要使用第一手資料 —— 亦即原始資料。

二、公共及私營機構的資料資訊

　　二手資料既可以從公共機構中獲得，又可以從私營部門中得到。這些資料可以從不同的公共機構出版的檔案資料裡查詢到，這些機構包括：政府部門及機關、辦事處、協會和學院以及研究所等，許多民意測驗機構和雜誌社也出版它們的調查報告。

　　公共機構和私營機構都提供二手資料，但二者又都有不同程度的優缺點。

公共和私營機構資料的優缺點對比詳述		
	公共資料	私營資料
科學系統方法	公共機構的每一項調查都採用清晰詳實的方式來進行描述,用嚴謹的方法以確保其出版的資料的真實有效。	為私營機構出版報告而撰稿的作者通常不會具體地說明他們所採用的調查方法,因此讀者不能從中識別出該調查是否有誤差。
數據的標準化	公共機構的資料用標準化的方式進行分類,極大地便利研究者的調查工作並使他們進行年度比較。	私營機構的資料相對來說規範性較差,因為私營機構的研究對象是針對性的顧客,研究人員要為他們尋找特定資訊。
時間排序分類的可能性	公共機構的資料標準化使得調查者能夠按照時間序列進行資料的分類,公共機構將收集來的資訊按照其不同的內容進行分類,並在每個類別中逐年累積相關的內容。	公共機構調查者在一定時期內透過對特定的目錄進行資料整合可以監控社會對該產品的需求狀況。而由私營文化企業收集的資訊則不會有公共機構那樣的追蹤或整合研究。
易獲得程度	在大型圖書館中,調查者可以非常容易地以極低的成本或者是免費找到和查詢公共機構的資料資訊。	私營文化企業的資料也會出版,但它們較為機密,並不容易獲取,而且購買資料的費用相當高,甚至到了讓人望而卻步的程度。
資訊綜合狀況	公共機構的資料量大而且繁雜,調查者必須要仔細地在公共資料分類目錄中搜尋自己想要查詢的資訊。	由私營文化企業出版的報告通常已將大量繁雜的資料概要化,這是私營資料的一個主要的優點,因為經過綜合的資料將使行銷分析師的任務變得簡要化。

資訊現狀	公共機構進行的資料調查的複雜度和它採取的嚴謹方式，往往使得所進行的調查資料通常要在兩到三年後才能夠出版問世。	私營文化企業出版的調查報告通常集中在最近發生的事情和由消費者機構指定的內容方面，這些出版物的資料往往是最新的。

　　這兩種不同來源的二手資料有其各自的優點和不足之處，在實踐中，這兩種來源可以很好地相互補充。

第三節　原始資料資訊

　　原始資料（original data）可以直接透過被稱為「市場研究」、「調查」或「民意測驗」這類資料收集的方法來說明目標市場而獲得。資料資訊將由行銷負責人來參照分析或交由專門的文化企業來處理。這個過程包括：收集對解決先前所提問題有益的資料，分析這些資料，然後將它們加以闡釋、說明以便形成對行銷決策有益的觀點。

一、探索性調查

　　探索性調查基本上提供定性資料，它並不基於假設或預測性的思路，而是應該在資訊較少或無先前資訊可獲取的情況下被採用。探索性調查是一種可變化的、不固定的，以及定性的調查方法。

　　這種類型的調查可能具有數種目標：

調 查 目 標

1. 更好地確定問題，提出假設並加以驗證。
2. 為新產品提供創意，捕捉消費者對新概念的第一反應。
3. 測試問卷，或者決定哪一個標準在消費者選擇產品或服務時起著主導作用。

　　探索性調查也能夠體現消費者的語詞情況以及興趣的焦點。所有這一切都使調查者和市場行銷者更熟悉那些看起來像是全新領域裡未知的內容。

調 查 技 巧

分組討論	將一個或多個問題分小組進行討論，最後進行綜合。
深度調查訪問	深入到一線和現場進行細節的調查訪問，能夠得到更真切、更直觀的感受。
個案研究	對一個典型案例進行全面的剖析，從中找出通用的規律。
觀察法	透過觀察其過程來總結分析事件的運行方式。
投射法	透過投射比對來進行資料分析。

二、描述性調查

　　描述性調查有四種主要的資料收集方法：郵函調查、電話訪問、網路調查和面對面採訪。選擇其中一個而非另一個方法取決於研究目標或目的以及可獲得資訊的來源情況。

描 述 性 調 查 的 四 種 主 要 資 料 收 集 方 法	
郵函調查	郵函調查有兩個主要的優點：與其他兩個方法中任何一個相比，它們所需的費用較少，適用於大量人群的調查。它尊重被調查者的意願，為他們匿名，儘管具名可以使調查者在減少調查潛在誤差方面能夠獲得更多的個人資訊。
電話調查或民意測驗	電話調查是一個在比較短的時期內接觸大量人群的快捷方式，這種調查的回答回饋率通常較高，然而在一個地區過度使用這種方法可能將導致較高的拒訪率。
人員訪問	人員訪問亦即個別訪問（個訪），對於行銷人員想獲取相對複雜的資料來說是十分有效的，它可以使採訪者運用視覺資料來闡明問題或重複提問，這種方式也使得採訪者在不懂的時候繼續詢問更多的資訊，也使採訪者能更深入地得到確定的答案。
網路調查	透過網路方式在網友中進行調查。特點：覆蓋面大（跨地區、跨國度）、人數眾多（各個階層）、資訊回饋快、價格低廉。可委託專門的網路調查公司進行。

　　不管運用哪種方式，每個調查者要將這些能進入資訊收集過程的誤差和偏差的來源降到最低的限度。

錯 誤 資 料 的 來 源	
拒訪	如果一些受訪者拒絕回答問題，嚴重的錯誤就會增加；拒訪率愈高，對事實上看法的統計偏差的可能性就愈大。由於調查者不瞭解這些人的想法，調查結果也會不太準確。
抽樣錯誤	抽樣錯誤也能造成被研究群體不再具有代表性的結果，當抽樣方式不當或者當樣本數量不足的時候，這些錯誤就會增加。

模糊或不精確的回答	這些錯誤可能會由看不懂問題但又不想表現出自己過於無知的受訪者所導致，或者受訪者在特定問題上追隨社會上大多數人的思路來回答而引起。
由採訪者引起的人為錯誤	這類錯誤的來源是採訪者本身，他們可能透過身體語言或說話方式不明智而影響受訪者，因此良好的甚至專門化的採訪、調查培訓會降低這種潛在的誤差。

調查者要在腦子裡時刻牢記可能發生的錯誤之源，保持警覺，以使其錯誤的影響降到最小程度。

總而言之，描述性調查大致可分十四個系列步驟。值得說明的是，它們對任何調查活動都是基礎性的建議。

描 述 性 調 查 的 十 四 個 系 列 步 驟	
1. 確定問題	8. 驗證調查問卷
2. 確定調查目標	9. 對回答進行編碼
3. 決定所需的人員和資金	10. 收集資料
4. 設置流程	11. 督導調查人員
5. 選擇適當的方法和方法	12. 彙總資料
6. 決定調查樣本	13. 分析結果
7. 設計調查問卷	14. 撰寫報告

三、因果調查（causality investigation）

之所以稱為因果調查，是因為它分析一個變數對另一個變數的影響狀況。

這種類型的調查相對僵硬和專門化，它僅僅是分析現實狀況中的一個方

面。因果調查是建立在對產品廣泛瞭解和一些有影響的變數已經被確定這兩點的基礎之上的。這種類型的調查在於尋求發現可能存在於一組組、一對對變數中的因果關聯，它提出一個或多個假設並且對它們逐一驗證。

　　行銷資訊系統是文化產品行銷過程中的一個非常重要的環節，它為文化企業開展市場活動提供可靠有效的資訊基礎，使得文化企業從市場決策到具體的市場行為始終都處在一種資訊保障機制監控之下，進而大大地提高文化企業活動成功率。進入21世紀，全球資訊化程度在不斷加深，資訊戰愈打愈烈，這對文化企業來說，是一種機遇，同時也是一種挑戰，只有適者才能生存和發展。

第十章 文化產品行銷管理與市場營運

　　本書前面章節已經討論各種行銷模式的內容，這些內容做為一個整體或者說是一個完整的過程，它可以使文化企業去實現自己的行銷目標。這一過程我們稱之為「方案制訂及其管理的週期」。

　　制訂方案與進行管理是相互聯繫、相互作用的。事實上，只有一些方案實施後，調控、管理才能發揮作用，制訂的方案包含已經設計好的、可操作性的目標，這些目標能夠使文化企業領導者在比較最初的預測或目標資料等具體結果後對文化企業的行動做出判斷。制訂方案也就是確定可以實現的目標，而管理控制則是顯示這些目標已經或正在成功地實現。管理控制還可以幫助文化企業領導者為獲得預期效果進而在未來儘量制訂理想的方案。

第一節　文化產品行銷目標與行銷方案

　　卓有成效的文化企業通常是將其許可權和任務下放至它的各個部門。每一個部門都會對總公司的總體目標做出各自的貢獻。文化企業的總體目標任務是由一系列具體宏觀的目標組成的。在考慮制訂方案或實現監控之前，行銷必須與總體目標聯繫起來。

一、文化產品行銷目標的確立

　　行銷部門要明確在文化企業總目標框架內自己的目標任務，然後將其目標轉化為一系列可變的行銷組合目標，而每一個可變的目標又會產生一連串的、具體的小目標。同樣，文化企業可以採納使用它的總體目標以增強其戰略的研

發，目的是支援幫助其行銷戰略，當然，這些行銷戰略也是由哪些每一個可變的、具體的行銷組合目標來支援的。顯然，文化企業統一的方案是由每一個部門、每一名員工聯合體的具體方案所組成的，推而論之，行銷方案也要融入適應於文化企業總體的、宏觀的方案裡面。

二、文化產品行銷方案的制訂

行銷方案制訂的同時也帶來一系列的問題，這些問題與行銷模式內的諸要素緊密相聯。唯有解決好以下五個主要問題，行銷部門負責人才能確保為其行銷方案打下良好的基礎。

行 銷 方 案 制 訂 應 解 決 的 五 個 問 題
1. 文化企業處於什麼樣的行銷環境，我們正在向何處發展？（環境分析） 2. 我們為什麼樣的目標進行計畫、設定？（制訂戰略目標） 3. 我們將為行銷活動投入多少力量？（資源配置） 4. 怎樣才能實現我們的行銷目標？（行銷組合） 5. 如何實施？（方案實施）

以上五個問題的解決程序包括回顧過去、立足當前、迎接未來挑戰幾個步驟。文化企業當前採取的行動步驟主要是依賴於以往的方法和經驗，同樣，它未來將要付諸行動的方式和方法也要以當前的經驗為主要依據。

行 銷 方 案 的 運 作 過 程	
環境分析	行銷方案的第一步，就是要求行銷部門負責人對行銷環境進行分析。這一分析要回答兩個問題：第一，當前文化企業處於什麼樣的環境？第二，如果我們按照既定方針去實施行銷計畫，那麼我們應該向何處拓展？

確定行銷目標與確立發展戰略	確定行銷目標要解決下列問題：我們計畫去開發的市場在哪裡？行銷部門就是要及時地複查其行銷目標，必要時進行調整、改變，確立銷售方向，決定市場佔有的銷售量或盈利。對這些目標瞭若指掌後，行銷負責人就可以選擇一個有助於文化企業實現目標的戰略。
資源配置	行銷市場需要兩種資源：人力資源和財政資源，正常情況下兩者都是十分有限的。那麼我們應該投入多少力量呢？回答這一問題的答案本身將會決定確定目標的方式，並且影響到已經設想到的戰略的實施。換句話說，目標與戰略不可能憑空產生，所謂「巧婦難為無米之炊」。行銷目標、戰略設想、行銷組合變數、可利用的資源等等，都要被考慮進去。
確定行銷組合	在傳統的行銷理論中，產品的外在特徵是要充分考慮到的因素，而文化企業則要區分、鑑別這一外在特徵，因為這些外在特徵是提前設定的。兩種情況都要確定定價策略和分銷的可能性，而且不斷變化的促銷的四個變數（廣告、宣傳、促銷及個人推銷）的平衡被打破。
對方案的要求	1. 方案要盡可能地詳盡，因為這反映已經制訂的行銷組合中每一個要素的具體運作情況，包括行銷隊伍中每一位成員的職責、運作過程期間的協調一致，以及顯示所有目標最後實現期限的精確的進度表。 2. 一個完善的行銷方案還應該有哪些可供伸縮的、可供挑選的方案。 3. 方案要透過「未來的或預期的評估」。盡可能地預測到所有可能嚴重影響目標實現的潛在因素。實踐過程中的關鍵因素來自潛在的競爭。
方案實施	行銷方案程序的最後一個階段是實施階段，這是有助於文化企業實現其目標的運作階段。方法是加強調控管理系統，這是用來衡量文化企業為實現目標而努力的關鍵所在。

三、文化產品行銷方案報告書的格式

行 銷 方 案 報 告 書 格 式	
執行摘要 （executive summary）	此部分係概述本次行銷企劃內容的精要部分，用簡短的文字說明，讓高階主管瞭解整個計畫案的做法及其目的。
目前行銷（市場）狀況 （Current marketing situation）	這是針對目前市場的各種實際情況，對所瞭解情況的說明，可區分為： 1. 市場情況（market Situation） 　① 全部市場成長。 　② 區隔市場成長。 　③ 顧客的需求。 　④ 消費者購買行為。 2. 產品情況（product situation） 　瞭解公司各產品的銷售量、價格、成本與利潤。 3. 競爭情況（Competition situation） 　瞭解主要競爭對手的行銷策略、產品特質、銷售通路、價位、促銷活動、市場區隔以及市場佔有率，以求瞭解對手動態。 4. 通路情況（distribution Situation） 　① 瞭解市場上通路變化的實況。 　② 分析各通路對本公司的重要性程度。 　③ 分析公司對通路依賴的狀況。 5. 總體環境情況（macroenvironment situation） 　瞭解經營環境中的政治、經濟、文化、社會、法令、人口等的變化。

機會與問題分析 （opportunity and threat analysis）	在瞭解市場與總體環境之後，必然會發現一些新的機會與潛在難題。因此，此階段要進一步加以分析與評估。 1. 優勢與弱點分析（Strength and weakness analysis，簡稱S／W分析） 　前面的機會與威脅分析是屬於外在的，而這裡的優勢與弱點分析則是內在的。要做好外在因素的控制，顯然必須要有內在條件的支持，才能大功告成。因此，行銷人員要充分認識到自己有哪些競爭上的優勢，然後從此優勢資源上多加發揮，另一方面則積極對弱點進行長期性的彌補措施。 2. 機會與威脅分析（opportunity and threat analysis，簡稱O／T分析） 　外在經營環境的演變，多少都會呈現過去未有的新機會，同時，也可能帶來過去未有的新競爭威脅。在這個O／T分析裡面，應有幾點認知： ① 要分析機會與威脅的項目。 ② 要分析對公司形成影響的程度大小為何。 ③ 要進一步分析其形成背後之原因與來源，如此，才能確切掌握問題的本質。 3. 問題分析（issue analysis） 　經過前面S／W與O／T兩階段分析後，應可對內外環境與狀況充分認知，並且能夠對公司未來行銷發展上的可能問題加以界定並建立共識，進而得以引導出使命、目標、策略、政策與戰術來。
確立目標 （objective）	行銷計畫必須要有目標，才會有行動指導目的。其目標可包含兩方面： 1. 財務目標 ① 希望年度投資報酬率是多少?營收成長多少? ② 希望年度淨收益多少?純利率多少? ③ 希望現金流量額為多少? 2. 行銷目標 財務目標要靠行銷目標來支援才會產生，而行銷目標則為： ① 銷售成長率需多少? ② 價位應定在多少? ③ 市場佔有率應該維持多少? ④ 品牌知名度應該提升多少? ⑤ 銷售通路據點應該擴增多少?以達成財務目標的要求。

行銷策略 （marketing strategy）	這階段就是要研擬整體性的行銷策略，以達成行銷計畫的目標。 1. 定義 　行銷策略係指企業為達成目標的途徑，它包括四項決策行動： 　① 先做市場區隔（亦即目標市場）。 　② 再做產品定位。 　③ 研定行銷組合作業。 　④ 決定行銷支出預算能力。 2. 內容 　行銷策略的內容，可表達於：目標市場、定位、產品線、價 　格、配銷通路、銷售人力、廣告、促銷、服務、研究開發等。
執行方案 （action program）	行銷策略方針研擬之後，就要訂出詳細的執行方案，此包括幾項 重點： ① 哪些單位及哪些人負責？ ② 在何時執行?應於何時完成？ ③ 應該如何去進行？ ④ 執行時需要多少資源支援？
預估損益表 （projected income statement）	有行銷目標、行銷策略及行銷執行方案後，本階段應編製預估損 益表。包括： ① 營業收入預估。 ② 營業成本預估。 ③ 管理銷售費用預估。 ④ 純利預估。
控制（control）、 評估與再修正	行銷計畫的最後階段就是要研擬控制考核的單位及事務，以求實 際與預估的密切配合，並且應該研究應變的計畫措施，以因應可 能或突發之困局。
進度表 （table）	按行銷計畫依月份、週期做目標及執行進度表，表格內有執行人 及考核人的職責考核標準。

四、文化產品行銷組織

　　如果一家文化企業採取行銷方案，那麼該文化企業的各個組織部門就要保證其目標得以實現。文化企業組織結構可能是多樣的，這依賴於文化企業的規模、產品的適用範圍，以及市場變化的因素。

大 公 司 與 中 小 企 業 的 組 織 特 點	
中小企業	在較小規模的文化企業，行銷隊伍規模也十分有限，實際上它們只是由促銷者或中間商一個人組成。不過在其他情況下，行銷活動可以讓一位行銷負責人及其有限的部門人員去操作。
大公司	在比較大的公司，有更多的產品需要經營，又有許多不同的市場，這就要求更為複雜的經營組織結構。在這種情況下，公司的主要職責部門就是由更高級的管理人員（如：行銷副總裁）擔任，並由他來協調好幾位來自不同專業部門負責人的工作。

　　以下提供適用於較大規模公司行銷組織結構的範例，當然它只是諸多可能性結構的一種而已。

複雜行銷組織結構圖

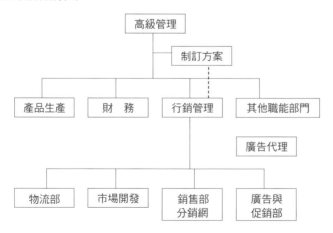

參考資料：Colbert,F.1995.「The marketing planning and control.」in Marketing Management, 2nd ed. F. Colbert and M.filon, eds. Boucherville, Quebec: Gaetan Morin editor, chapter 11, p.461-485.

第二節　文化企業總體戰略與行銷戰略

任何文化企業都存在著一個從文化企業總體戰略、行銷戰略到具體的行銷組合中每一種戰略輕重緩急次序上的差異，而且，文化企業的總體戰略與文化企業的行銷戰略是容易被混淆的。文化企業總戰略要根據文化企業行銷組合戰略而確定。因此，要重視文化企業的兩大戰略 —— 競爭戰略和發展戰略，它們與行銷戰略是緊密相關的。

一、總體戰略（general strategy）

每一家文化企業都要充分考慮到在同一階段、場合下它與其他文化企業之間的力量對比，這種力量對比足以體現該文化企業及其對手的規模，特別是反映競爭優勢的重要性。

1. 競爭戰略（competitive strategy）

競爭戰略主要有四種類型：主導戰略（forerunner strategy）、挑戰者戰略（challenger strategy）、追隨戰略（Follow strategy），以及專門化戰略（Specialized strategy）亦即「夾縫中生存的戰略」。

競 爭 戰 略 的 四 種 主 要 類 型	
主導戰略	市場中處於領先，或者説處於主導地位的文化企業往往主宰著市場的發展，這一點就連其競爭對手也不得不「臣服」。領先的文化企業常常也被其他的文化企業視為一個參照或超越的目標，也被視為一個被模仿的對象或一個被眾多對手躲避的敵手。該執牛耳文化企業隨時訂下市場的標準，這一標準即使其對手也要始終如一地遵守。
挑戰者戰略	挑戰者是相對於執牛耳文化企業而言的。很明顯，處於挑戰者地位的文化企業時時想努力成為新的執牛耳文化企業。該類文化企業往往依賴其進攻性的戰略，並且集中火力達到其最終目標 —— 取代領先者，佔有大部分市場。

追隨者戰略	追隨者的戰略是：保持已有的市場銷售量，不盲目追求大規模的拓展方略。這些戰略可以在哪些只有少數製造商控制的地方實施，在這些地區，競爭對手有限，競爭環境比較平靜，而沒有哪一家文化企業願意打破這種業已確立的平衡狀態。
專門化戰略	專門化戰略集中於某一市場特有的環節和領域。該戰略將努力尋求並且紮根於一個適當的地方或領域裡，以求所謂的「夾縫中生存」，在那裡，可以遠離激烈競爭，文化企業可以將集中生產的某些產品或在某一地區進行專門化的經營。這一類型的戰略常常為小型文化企業所採納。

2. 發展戰略（development strategy）

　　絕大多數文化企業都希望在文化企業規模、盈利、市場佔有率，以及在聯合體的實際銷售量方面進行擴增。上述各項指標都是其發展的目標。為了努力實現這些目標，專案主管、負責人們可能會根據產品的組合狀況採納不同的戰略。美國哈佛大學教授安索夫（Ansoff）曾經總結出四條著名的戰略：市場滲透戰略、市場拓展戰略、產品開發戰略，以及多樣化經營戰略。

安 索 夫 模 式		
項目	當前市場	新市場
當前產品	市場滲透	市場發展
新產品	產品開發	多樣化經營

　　至於產品開發戰略，它可以使文化企業透過提供全新的或經過更新的產品來增加目前已經佔有的市場規模，如：開發副產品，副產品的銷售是這一戰略的組成部分。下表列舉四種戰略可能發生的解決範例。

安 索 夫 四 戰 略 的 可 能 性 進 展 過 程	
市場滲透戰略	透過市場滲透戰略，文化企業可以採用不同的技術方法，盡力增加產品現有市場的總量，如：營造更有活力的銷售網路、發動新的促銷活動、確定更具有競爭優勢的產品價格……等等。不過無論何種情況，文化企業都要保持同一種產品在某一市場區域的佔有量。
市場拓展戰略	在市場拓展戰略中，文化企業將透過向新開發市場引進產品以增加銷售量，期間不需要改變已經確定的區隔市場。文化企業因此向新的消費者提供同樣的產品以增加顧客。
產品開發戰略	至於產品開發戰略，它可以使文化企業透過提供全新的或經過更新的產品來增加目前已經佔有的市場規模，如：開發副產品，副產品的銷售是這一戰略的組成部分。
多樣化經營戰略	多樣化經營戰略可以透過向新市場提供新產品來增加銷售量。較之上述三種戰略，該戰略有著更大的風險，因為它包含兩大新的不可知的因素，亦即產品與市場。這一戰略適用於擁有許多文化企業。如：電影製作與發行、電子遊戲部門之類的大型文化企業集團。

二、行銷戰略（BCG模式）

我們在前面的章節中，已經分析行銷部門的主要戰略方案，這些戰略還可以協調整合為一系列的方案組合，以供文化企業進行選擇。如：尋求定位的文化企業可能選擇「特價定價策略（take fat price strategy）」、選擇性的分銷戰略以及推進戰略。而另外一類的文化企業則有可能採用滲透性價格策略密集型的分銷以及回縮戰略。

行　銷　戰　略
產品 ──────→ 定位
價格 ──────→ 特價價格、滲透價格
分銷 ──────→ 密集型、選擇型、專門型
促銷 ──────→ 推進、回縮

　　對上面所描述的各種戰略方案進行篩選，就需要對公司產品的戰略定位進行認真地分析。我們這裡採納的是美國波士頓技術諮詢組織（boston technology organization）研發出來的產品定位模式（BCG模式），該模式充分考慮到文化企業所處的地位、文化企業相對於執牛耳文化企業市場銷售量的市場佔有情況，以及文化企業拓展市場的速度等情況。

　　基於對產品市場的分析，誕生BCG模式，它闡明四種可能的情況，這四種情況是：

BCG 模 式 的 四 種 情 況
1. 在市場高速發展的環境下較大的市場銷售量。
2. 在市場高速發展的環境下較少的市場銷售量。
3. 在停滯不前的市場環境下較大的市場銷售量。
4. 在停滯不前的市場環境下較少的市場銷售量。

BCG 模 式 （ 相 關 市 場 銷 售 量 ）		
項　目	大銷售量	小銷售量
市場的擴展　高速	明星產品	問題產品
市場的擴展　低速	「賺錢的產品」	「產品」── 蹩腳貨

上表中的幾個問題，在下表中加以詳細說明：

市 場 拓 展 大 小 銷 售 量 的 詳 細 說 明	
明星產品	文化企業的明星產品是哪些在高速擴展的市場環境下佔有較大市場銷售量的產品，這些產品需要文化企業有主要的資金保障以保持文化企業持續穩定的發展。即使在需求下降時，該類產品仍然是盈利的。
問題產品	根據市場銷售量狀況，文化企業要減少哪些問題產品，因為它們不可能提高市場銷售量，而只是維持其市場的現狀。結果只能是白白耗費哪些已經投入而不可複得的資金。所以面臨對手強而有力的競爭，要生產其他種類的產品以增強其在市場的競爭地位。
「賺錢的產品」	如果市場正處於一種停滯發展的狀況，文化企業只能依靠其佔有較大市場銷售量的產品獲得固定的利潤，公司應當利用這些利潤資助一些能夠賺取更多利潤的明星產品，以增強其市場競爭地位，進而彌補市場中哪些「問題產品」帶來的損失。
「產品」 — 蹩腳貨	依據BCG模式的分析可以促使文化企業儘快做出戰略選擇和決定，若保持明星產品，有選擇地投資一些問題產品，從「賺錢的產品」身上最大限度贏得利潤以及放棄蹩腳的產品。該模式還可以使文化企業評估未來的財政需求、產品的潛在利潤，以及產品業務量的平衡等內容。

上述情況的分析和評估尤其適合目標在於贏得更多利潤的規模較大的文化企業，如：大型的文化企業。同時這一理論架構還可以應用於規模較小的文化公司，因為它能夠使得文化公司更加理解市場的活力及可能存在的市場變化或發展趨勢。

第三節　行銷管理

　　管理包括審查、檢驗行銷活動狀態下所有的或部分的結果，其目的是對其策略或戰略的影響性做出判斷，爾後進行必要的調整，因為在預測和現實之間總是存在著一定的偏差。行銷負責人在採納行銷規劃時，可以對一種、數種或所有的要素進行監控和管理，如果所有的方面得以有效地管理，那麼一次行銷評估就告一段落。

一、週期性循環管理（periodical management）

　　對行銷活動的過程要進行持續不斷地、有規律地監控或評估，以便及時採納和運用一些行之有效的措施和方法，以保證行銷活動的順利成功，在這一過程中所體現出來的管理性質，稱之為週期循環管理。

　　週期循環管理包含一系列從行銷方案的制訂到具體的方案實施步驟，再到行銷全程的量化評估的管理活動。我們透過下圖很容易就能看出：

週期循環管理圖

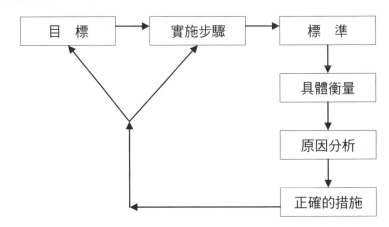

在文化企業的行銷管理活動中，週期循環管理同樣必不可少。

透過週期循環管理圖我們還可以看出，一個整體性的週期循環管理過程，其最終所要實現的目的永遠都只為一個，那就是目標的實現，這也是所有管理行為的真正意義之所在。基於所有管理行為的目標意義，我們又可總結出相對於週期循環管理的另一種管理模式——目標管理。

目 標 管 理	
目標量化	文化企業行銷部門的目標通常都要形成具體的銷售量、市場銷售量以及可預測的利潤。因此其所使用的方法、方法就要依據這些具體的參數進行不斷地修訂。
目標回饋	行銷負責人更要適時地瞭解預期的銷售量是否能夠順利地實現，這方面可以透過比較他所獲得的行銷報告的資料而得以確定，這樣的行銷方案、一個接一個的目標就會詳盡而清楚。
目標檢驗	同樣，根據所制訂的行銷方案中的目標，在比較所需的銷售量之後，市場銷售量也可以得到核對總和控制。至於利潤的審查和檢驗，則是透過復查財政報告並將其與方案目標進行比較之後進行的。
目標比較	行銷負責人或企業領導者應當研究出具體的標準以監督實施情況，同時週期性地對實施結果進行比較，以便保證正在採用的是同樣的標準。假如採用不同的標準，那結果將是一無是處的，因為對已知結果進行真正的比較，是不容許使用兩種完全不同的標準的。

目標管理的運用要緊緊把握住以實現目標最大化為基本宗旨的原則，樹立以目標管理為核心管理體系，建立健全目標管理考核制度，強化管理的目標意識，進而達到目標管理績效最優化、最大化的目的。文化企業運用目標管理，可以使企業更具向心力、凝聚力和方向感。

二、行銷評估（marketing evaluation）

　　行銷評估是在具體行銷環境下對文化企業的行銷趨向進行全面、深入、系統而且是定期的評價和研究。評估的目的是使文化企業解決當前存在的問題、加強競爭力，以及提高行銷活動期間的工作效率和水準。

　　這是一個行銷評估的清單，它包含評估期間專門評估機構所要提出的所有問題。

行 銷 評 估 所 涉 及 的 主 要 問 題		
環 境 分 析	市 場 與 環 境	＊文化企業已經到達的市場區域是那一個（些）？ ＊哪些人是顧客？ ＊如何確定細分市場？ ＊當前及潛在的市場需求是什麼？ ＊誰是我們的競爭對手？他們有多強？他們使用的戰略是什麼？ ＊哪些環境因素可能對文化企業產生影響？它們是如何施加的？可能如何繼續施加影響？
	企 業	＊文化企業的任務是什麼？ ＊文化企業的總目標是什麼？ ＊文化企業的總體戰略是什麼？ ＊文化企業有哪方面的實力及哪方面的弱點？ ＊文化企業是否具有明顯的優勢？它們是什麼？ ＊文化企業是否有一個長期規劃？是否有一個短期規劃？
行 銷 方 案 分 析	目 標 與 戰 略	＊行銷目標是什麼？ ＊這些行銷目標已經取得什麼樣的成效？ ＊文化企業採用什麼樣的行銷戰略？哪些細分市場是文化企業的主攻目標？文化企業做何種定位？ ＊這些戰略是否與文化企業的總體戰略相協調？ ＊文化企業採取哪些管理措施以對行銷目標和總體戰略的實施效果進行適時的評估？
		＊哪一些目標已經被確定可適應行銷組合變數？ ＊什麼是產品戰略？

行銷方案分析	行銷組合	* 文化企業所追求的每一種產品的定位是什麼？ * 產品組合是否連貫一致？ * 文化企業所提供的服務是否充分？ * 產品本身是如何幫助文化企業實現行銷目標的？ * 價格戰略是什麼？ * 哪些因素在制訂產品價格時已經被考慮進去？ * 在價格方面如何與競爭對手進行比較？實現文化企業的行銷總目標，價格戰略是如何發揮作用的？ * 哪一種分銷戰略已被採納？ * 分銷網路是否充分？是否有效？ * 分銷系統成員間的關係是否積極、明確？ * 實現文化企業行銷總目標，分銷戰略如何發揮作用？ * 促銷戰略是什麼？ * 促銷組合中每一種要素的作用是什麼？ * 促銷組合是否已被測試？如何測試？結果怎樣？ * 實現行銷總目標，促銷戰略怎樣發揮作用？ * 行銷組合中的每一變數的戰略是否跟行銷總體戰略相適應？
行銷步驟分析		* 就行銷組合中的每一變數是否有關於行動（步驟）實施的書面方案？ * 為了實現行銷方案，行銷部門的每一位成員發揮什麼樣的作用？任務分配是否清楚？ * 有無時間計畫表？是否按部就班地實施？ * 如何使各式各樣的職能協調一致？ * 是否有一個可供選擇的行銷方案？是否現實？
預測		* 環境狀況如何以及競爭如何展開？ * 上述展開方式對文化企業的組織結構產生什麼樣的作用？ * 文化企業是否已準備好應付所預測的市場環境變化？ * 文化企業能夠獲利的商機是什麼？ * 文化企業取得成功的關鍵是什麼？文化企業如何能夠獲得它所需要的新的技巧或知識？
建議		* 文化企業在其戰略和目標方面應當做出怎樣的應變？ * 文化企業怎樣使這些變更產生效果？ * 未來的投入費用是多少？ * 做出相關決定文化企業還需要什麼樣的情報資料？

三、行銷評估報告書格式

文 化 企 業 行 銷 評 估 報 告 書			
一、目標達成	行銷業績目標	總資本利潤率： 銷售增長率： 市場佔有率： 應收帳款周轉率：	銷售利潤率： 利潤增長率： 資產負債比率： 存貨周轉率：

文化企業行銷評估報告書

一、目標達成	行銷業績目標	總資本利潤率：	銷售利潤率：	資本保值率：
		銷售增長率：	利潤增長率：	資產增長率：
		市場佔有率：	資產負債比率：	流動資金比率：
		應收帳款周轉率：	存貨周轉率：	損益平衡點：
		文化企業產品品牌、文化企業形象知名度、美譽度：		
	行銷能力目標	戰略決策能力：	集團組織力：	企業文化：
		專利數量：	技術創新能力：	新產品比率：
		成本降低：	品質水準：	合約執行率：
		推銷能力：	市場開發能力：	服務水準：
		員工安定率：	職務安排合理性：	勞動生產率：
		資金效率：	資金籌集能力：	
	環境適應目標	分紅率：	股票價格：	股票收益性：
		戰略測定能力： 員工能力開發：	經營與組織能力：	
		薪資水準：	員工福利：	凝聚力：
		參加工會人數：	工會參與管理程度：	
		提高產品（服務）品質：		改善服務水準：
		業務往來條件：		
		銷售條件：	利息條件：	信用度：
		預貸款：	公害防治程度：	繳納稅金：
		執行策略程度：	國際間協作關係：	

二、效果遞增率	顧客宗旨	
	整體行銷組織	
	充分的行銷資訊	
	戰略導向	
	行銷效率	
三、戰略影響	對文化企業行銷理念的評價	評價的中心內容是： 1. 文化企業是做什麼的?（過去做什麼?現在做什麼?將來做什麼?為什麼要這樣做?） 2. 文化企業的行銷理念是什麼?是否正確? 3. 文化企業的現行行銷業務如何?（目標公眾需求是什麼?規模有多大?）
	對文化企業競爭能力的評價	評價的中心內容是： 1. 文化企業的歷史如何（包括為何創設、獲利能力、新產品開發能力、行業競爭能力）? 2. 企業管理水準如何（包括領導層素質、文化企業管理體制對執行行銷計畫的影響）? 3. 文化企業經營水準如何（包括生產能力、技術能力、銷售能力、財務狀況）? 4. 文化企業結構如何（包括員工團隊狀況、企業文化建設、人事管理、收入分配）?

應用篇

第十一章　圖書市場

所謂圖書就是由作者編撰、經出版機構編輯加工、運用一定的符號（通常為文字）與載體形態（通常為紙張）、非定期向公眾傳播精神文化的一類傳播媒體。要科學把握圖書這一概念，就要掌握圖書以下幾個基本點：

圖 書 的 概 念	
是一種文化媒體	圖書的本質是一種傳播媒體，其最突出的一點就是其資訊傳播是非定期的。
是一種精神文化產品	圖書的精神文化功能是其社會功能的主要方面。圖書的內容往往在一定程度上反映出作者與出版者的立場、觀點。
是一種物質產品	圖書是精神文化內容的物化形態，是精神產品的物質載體，自然也是一種物質產品。圖書的出版發行活動不僅是一種精神文化活動，同時也具有物質產品生產與流通的特徵。
具有著作權	作者是圖書精神文化內容的創作者，對其內容的社會影響負主要責任，並依法享有圖書作品內容的著作權。
生產經營性	出版者既是圖書精神文化內容的把關者，也是其物化形態的生產者和經營者。
市場利潤性	由於在書稿的編輯加工過程中需要投入必要的人力、財力、物力，出版者就成為圖書出版活動的市場主體，進而在圖書出版過程中獲得相對的利潤。

第一節　圖書市場構成要素與需求特徵

一、圖書產品與圖書市場

1. 圖書產品

行銷學認為，圖書產品是透過交換能夠滿足讀者精神需求和利益的有形物體及無形服務的總和，它通常包括核心層、形式層和延伸層等三大組成部分。

圖 書 產 品 的 三 大 組 成 部 分	
圖書產品的核心層	包括圖書的內容、學科專業類別、主題、風格特色、內容深度、效用等方面。這是指圖書產品提供給讀者的實際效用或利益，是讀者需求的中心內容。
圖書產品的形式層	即圖書產品的具體物質形態，包括圖書的載體類別、出版者與發行者的品牌、用紙、封面、插圖、開本、裝訂等。好的形式會給讀者帶來心理上的滿足。
圖書產品的延伸層	是圖書產品的各種附加利益的總和，是整體圖書產品提供給讀者的一系列附加服務，包括售前、售中、售後的各種服務以及相關的儲運服務和銷售網站的佈局等。

2. 圖書市場

從嚴格的科學意義上講，圖書市場就是指涉及圖書產品的各項經濟活動及由此產生的各種經濟關係的總和。它有以下兩個基本點：

圖 書 市 場 的 兩 個 基 本 點
1. 圖書市場是圖書產品價值實現的前提，是圖書產品產生和交換活動得以有效實現的必要條件。離開圖書市場，圖書產品產生和交換活動就無法順利進行，圖書產品的價值也就無法實現。
2. 圖書產品的供求問題是圖書市場的基本問題。這一問題的「供方」由圖書內容供應、圖書生產、圖書銷售等要素構成；「需方」則由讀者及其購買行為、購買力、購買動機等要素構成。

二、圖書市場的構成要素

圖書市場由圖書產品、讀者、購買力和購買動機四個基本要素構成。

圖 書 市 場 的 構 成 要 素	
圖書產品 （Books product）	圖書產品是圖書市場的基礎構成要素和物質基礎。圖書產品對圖書市場的發展有十分重大的影響。
讀者 （Reader）	通常而言，讀者要素中，讀者的數量與規模、年齡結構、教育水準等幾個方面的因素對圖書市場的發展有著十分重大的影響。
購買力 （Purchasing power）	購買力即讀者對購買圖書產品的貨幣支付能力。
購買動機 （Purchase motive）	讀者的購買動機支配著他們的購買行為。讀者的購買動機主要有：求知慾、實用需求、新穎好奇、審美需求、娛樂需求等。

三、圖書市場需求的特徵

圖書市場需求是指人們在市場上獲得圖書產品及相關服務、具有貨幣支付能力的慾望。圖書市場需求從本質上講是一種精神文化需求。它有以下幾個基本特徵：

圖 書 市 場 需 求 的 特 徵	
多樣性 （Diversity）	由於受年齡、性別、文化程度、職業、相關群體、地域及生活習慣等諸多因素的影響，讀者對圖書產品的需求也千差萬別。
層次性 （hierarchy）	圖書市場需求雖然多種多樣，極為複雜，但卻具有明顯的層次性。
明確性 （Specificity）	這是讀者要以特定的圖書產品來滿足其需求的一種特徵。

可誘導性 （Inductivity）	是指讀者需求指向上具有的一種不穩定性的特徵，即讀者需求方向上的一種可塑性。
伸縮性 （Flexibility）	伸縮性又稱彈性，是指受市場環境因素的影響，圖書市場需求會發生量的變化。
時代性 （Times）	時代性是指隨著市場環境的發展變化，圖書市場需求也會呈現相對變化的特徵。
關聯性 （Relevance）	關聯性也稱相關性，是指圖書市場需求具有的相互關聯或互為因果關係的一種特徵。

第二節　讀者購買行為

圖書出版發行文化企業的行銷人員為了做好產品和服務的行銷工作，要分析和瞭解讀者購買行為。分析讀者購買行為，首先要瞭解有關讀者的幾個問題，即：買什麼、何時買、到哪裡買、誰來買、怎樣買。購買者本身的特點是決定其如何理解問題，而購買決策過程又直接影響購買者的最後選擇。

一、影響購買行為的因素

影 響 購 買 行 為 的 因 素	
讀者個人因素	1. 年齡；2. 性別；3. 個性；4. 職業；5. 經濟能力；6. 興趣與愛好。
社會因素	1. 參考群體；2. 角色與定位；3. 流行元素。

二、讀者購買過程

讀者購買過程包括循序漸進且相對獨立的五個基本階段，即確定需要、搜集資訊、評估選擇、購買決策、買後感覺和行為。

購買過程的五個基本階段	
確定需要 （Definite need）	這種需要通常來説是由現實狀況與期望水準進行比對，當現實與期望水準相差較大時，可能刺激內在因素引起需求。
搜集資訊 （Collection information）	讀者尋找資訊的積極性高低通常與需要的強度成正比。讀者的資訊來源大致可分為以下四個方面： 1. 商業來源：即讀者從廣告、展銷會、經銷商、出版商等途徑得來的資訊。 2. 個人來源：即讀者從家庭、親友、鄰居或熟人那裡得來的資訊。 3. 公眾來源：即指大眾媒體、網路、讀者俱樂部及專家學者的講座等。 4. 經驗來源：即對圖書產品的認識、購買和使用經驗。
評估選擇 （Appraisal choice）	1. 評價圖書商品的品質。 2. 評價圖書商品的價格。 3. 評價圖書商品的效用。
購買決策 （Purchase decision-making）	讀者通常會購買他們最喜歡的圖書品牌，但在購買意圖與購買之間還可能介入兩個外界因素：一、他人態度。二、意外情況。
買後感覺和行為 （After buys the feeling and the behavior）	讀者的買後感覺會影響他的行為。最好的廣告是顧客的滿意，這是商界普遍認同的。

第三節　圖書市場行銷規劃

經典的行銷原理主要說四個P，第一個P是Production（產品），第二個P是Price（價格），第三個P是Place（通路），第四個P是Promotion（推廣）。不同的圖書應有不同的行銷規劃。

一、適銷的圖書產品

1. 圖書選題開發

圖書文化企業進行選題開發時最重要的原則就是：保持對讀者需求的敏感和結合本文化企業的優勢。

圖 書 選 題 開 發	
1. 保持對讀者需求的敏感	從行銷角度出發，判斷選題好壞的標準只有一個，就是讀者需不需要。因此要保持對讀者不斷變化的需求的敏感度。
2. 結合本文化企業的優勢	圍繞文化企業本身的傳統優勢，揚長避短地進行選題開發。結合自身優勢，走區隔市場的專業化道路。
3. 選題開發策略：創新還是跟進	在選題開發策略上，大多數文化企業都提倡創新精神。因為選題創新的成功往往會帶來高額的利潤回報，還為文化企業增加因首先行銷而佔領市場的機會。

2. 圖書包裝設計

這裡的圖書包裝是個廣義的概念，包含圖書開本、封面設計、版式、插圖、材料、印刷工藝和裝訂形式等元素。這些元素的最佳組合，可以充分體現圖書的主題、格調、內涵、品味和價值。圖書包裝本身就是一種對圖書隱性的宣傳。

圖 書 包 裝 設 計	
圖書包裝的總體策略	主要有：類似包裝策略、差異包裝策略、相關包裝策略、分等級包裝策略、附贈品包裝策略、改變包裝策略。
封面設計 （Cover Design）	封面的地位應是居於首位，封面往往被放置於圖書廣告、書目及書評的醒目位置，非常重要。封面設計主要體現在：封面色彩魅力、封面製作創意、封面佈局藝術。
封底等的廣告作用	既然封面已經像看板一樣簡單醒目，封底就有必要承載更多更詳細的資訊。另外，在圖書的腰封、書背、扉頁、書籤等包裝設計上也可以下些功夫，以取得更出眾的銷售效果。
引進版包裝的本土化	並不是所有的引進版圖書都能得到理想的發行量。決定引進版圖書成功與否的原因主要是引進版圖書書名與封面的本土化，以本土化吸引讀者。

二、合適的圖書價格

　　影響圖書價格的因素主要有三個，即成本、競爭者價格和市場需求。透過這三個因素中的一個或幾個來選擇定價方法，就有希望確定一個特定的價格。

1. 選擇圖書定價方法

選 擇 圖 書 定 價 方 法	
成本導向定價法 （Cost guidance law）	成本導向定價法就是出版文化企業在完成成本的基礎上，再加一定的預期利潤而制訂的價格。目前出版文化企業從成本出發的圖書定價方法主要有以下幾種： 1. 印張定價法：估計每印張的單位定價，然後計算出整本書的價格。 2. 利潤倒扣法：先確定圖書的預期利潤額，加上銷貨成本和銷售折扣形成預期銷售收入。 3. 利潤率估價法：根據出版文化企業已有圖書的平均利潤率或所要求圖書完成的基本利潤率來估計圖書定價。 4. 綜合定價法：即圖書定價＝（印刷成本+出版文化企業合理利潤）／印數／（1 - 圖書平均銷售折扣率 - 支付作者版稅率）。
競爭導向定價法 （Competition guidance fixed price law）	1. 隨行就市定價法：根據市場同類產品的平均價格水準來確定自己的產品價格。 2. 價格領袖定價法：從定價角度看，控制著圖書市場較大銷售量的少數出版集團往往是圖書市場的價格領袖，對整個圖書市場產生價格參考和導向作用。
需求導向定價法 （Demand guidance fixed price law）	1. 認知價值定價法：把價格建立在對圖書產品的認知價值基礎上。 2. 價值定價法：用低價提供高品質的產品，讓渡給顧客最大的價值。 3. 區別需求定價法：也稱為差別定價法，是根據需求條件的不同，對同一圖書商品設定不同的價格。

2. 圖書定價策略（pricing strategy）

圖　書　定　價　策　略	
圖書價格水準策略	1. 特價定價策略（take fat price strategy）：特價定價策略又稱撇脂定價策略，是創意性或高科技性「獨家新品」的高定價策略。 2. 滲透定價策略（permeates the price strategy）：絕大多數類型的圖書都適用於這一策略，特別是市場容量大、同類圖書多、市場競爭激烈、需求價格彈性高的圖書。 3. 滿意定價策略：是介於撇脂和滲透定價策略之間的一種折中定價策略。
心理價格策略	1. 尾數定價策略：也稱非整數定價策略，即在給圖書定價時，有意設定一個保留尾數價格：根據消費者心理研究顯示：絕大多數消費者普遍感覺到尾數定價比整數定價要便宜、精確一些。 2. 整數定價策略：以「0」為尾數的定價。適合哪些高檔次、高價位、高品質的圖書。 3. 聲望定價策略：聲望定價即所謂的「名牌高價」。
對比定價策略	對比定價策略比較適用於裝幀形式不同的同一種書。通常是以精裝書對比平裝書。
諧音口彩定價策略	即利用消費者討好口彩、圖吉利的心理來給圖書定價的策略。 如：香港人讀「8」的粵語發音是「發（fa）」，「發達」之意。時常有98、9.8、99.8等諧音口彩價定價。
圖書發行折扣策略	折扣策略是出版文化企業靈活運用折扣方法、鼓勵圖書分銷的技巧。 1. 數量折扣：體現的是量大從優。 2. 品類折扣：以銷售中的難易程度來確定所給折扣的高低。 3. 現金折扣：用現金或支票支付的訂單，因為減少壞帳風險，所以在原來的折扣基礎上再給予一定的折扣。 4. 季節折扣：淡季減價優惠。 5. 功能折扣：又稱為貿易折扣，是根據中間商在圖書分銷過程中所承擔的功能、責任和風險，對不同的中間商給不同的折扣。 6. 業績折扣：根據經營業績進行綜合評估，以確定折扣率。

三、便捷的行銷通路（marketing channel）

1. 圖書行銷通路的類型

圖書行銷通路根據中間環節的數量可分為四種類型。

圖　書　行　銷　通　路　的　類　型	
出版公司→讀者	這是最短的圖書行銷通路，稱為直接通路或零通路。圖書直接通路有很多具體的實行形式，主要有：出版公司自設書店、推銷員直銷圖書、郵寄書目直銷、用戶直接訂購。
出版公司→零售商→讀者	只選擇一個中間環節的通路形式被稱為短通路。其具體的形式有： 1. 出版公司→傳統圖書零售商→讀者。 2. 出版公司→特約經銷商→讀者。 3. 出版公司→圖書俱樂部→讀者。 4. 出版公司→圖書館批發商→圖書館。
出版公司→代理商→零售商→讀者	兩個發行中間商的通路也稱為長通路。主要有兩種形式： 1. 出版公司→批發商→零售商→讀者。 2. 出版公司→代理商→零售商→讀者。
出版公司→代理商→批發商→零售商→讀者	這是分銷通路中一種最長的形式。它有利於充分發揮各類發行中間商的作用，便於圖書的集中、儲存、調節和擴散；能廣泛分銷，方便讀者就近選購圖書，具有很強的輻射性和縱深性。

選擇何種類型的圖書分銷通路通常要綜合考慮圖書市場容量、圖書的學科、專業、類別及內容深度、圖書價格、同類圖書的市場競爭狀況、中間商分銷能力、目標市場讀者的集中程度，以及讀者選購需求等因素。

2. 圖書批發與零售的行銷決策

圖 書 批 發 與 零 售 的 行 銷 決 策	
圖書批發的行銷決策	1. 目標市場與定位決策：圖書批發商要界定自己的目標市場並對自己進行有效的定位。 2. 行銷組合決策：圖書批發商要就圖書產品和服務、價格、促銷和分銷進行決策。
圖書零售的行銷決策	1. 目標市場決策：針對目標客戶群展開行銷活動。 2. 圖書種類決策：書店所經營的圖書種類應當符合目標顧客的期望。 3. 書店氣氛決策：精心構思，使其具有一種適合目標市場的氣氛。包括：裝飾設計、服務、書架、音樂、職員形象等元素。 4. 促銷決策：主要包括圖書導購、海報、排行榜、短期促銷活動、長期促銷活動等。 5. 地點決策：書店的選址也是它能否吸引顧客的一個關鍵性因素。

四、圖書產品的促銷模式

在將圖書產品推向市場的過程中，需要運用一些方法與方法促進其銷售。

圖 書 促 銷 模 式	
預告單	預告單通常在新書出版前3個月左右投遞到書店、分銷商及相關文化企業和重要的個人客戶處。

圖書目錄	圖書目錄不僅以吸引人的方式提供公司的商品進而刺激訂貨，它也是一種持久的促銷方式。
其他促銷方式	促銷方式有很多種，除了預告單和目錄，尚有廣告傳單、直銷廣告、新聞稿、贈單、海報招貼、版面廣告、網路、手機簡訊、電話銷售活動、電台廣告、電視廣告、分類廣告、圖書護封文字等。

　　圖書文化企業應根據不同的圖書產品和不同的讀者群體選擇合適的、成本適中的促銷方式來獲得銷售的增長。

第四節　電子圖書發展與傳統出版品未來趨勢

　　電子書在內容上打破傳統圖書內容的線性順序，向讀者提供一種動態和立體視覺的和聲效果的資訊組合，透過超連結加入相關注解和語意延伸的各種知識和資訊，因此電子書的資訊量和擴展性可以是傳統圖書的數百倍。電子書還結合掌上型電腦的簡易性，提供更好的解析度以及更多的書籍格式支持，採用先進技術來改善電子資訊的視聽品質。

一、電子圖書的發展

　　更重要的是，電子書在外觀上類似於傳統書籍。電子書正改寫著傳統的圖書和出版的概念，其優勢是顯而易見的。

電子書的優勢	
體積小、容量大	電子書的容量遠遠大於傳統書籍。現在的電子書閱讀器上可儲存上百部甚至更多的書（2006年最大容量超過1000部）。電子書容量大，但體積卻只有手掌大小，可隨身攜帶隨時閱讀，還可以在上面加批註等。一冊在手，相當於隨身帶一個小書房，既享受到豐富的精神資源，又減輕負擔。

出版週期短	電子書的出版，省略傳統出版流程中的許多步驟，如：按需求印刷及運輸，不要經過印刷商、發行商、零售商等中間環節，既節省時間，也節約人力、物力，因此出版週期縮短，便於圖書內容及時更新，增強圖書的時效性和生命力，並且使內容的更改、修訂和改版等易如反掌。
功能多	電子圖書具有與紙質圖書同樣的閱讀方式，但具備許多新功能。它不僅可以像傳統圖書那樣加批註、畫線、圈註、畫亮、加書籤及隨處做筆記，而且又可以隨意取消，不留絲毫痕跡；電子書大都自帶各種辭典，遇生詞、外文隨時可查；可就某一個關鍵字進行全文檢索，便於查閱有關資料；在陽光刺眼或光線很暗的情況下，電子書可以自動調整螢幕亮度，字型大小、版式也可變動，始終讓閱讀者的眼睛處於舒適狀態；電子書還帶有發聲裝置，在眼睛看累時可以選擇「聽」書；儲存的內容看完後，可以上網下載新的內容等等。
個性化強	讀者可以只購買自己感興趣的某一章、某一節內容，並可加入很多動態的東西，將其組合成獨一無二的圖書。這種訂製的個性化電子書會愈來愈普遍，出版商也樂意為讀者提供特定內容的個性化出版服務，這在技術上毫無問題。因此，與大量生產的紙書相比，電子書提供一種更人性化、個性化的閱讀模式。
環保	電子書是真正的無紙化出版，不僅節約大量生產傳統圖書所需的製紙木材、油墨、水等社會資源，還避免造紙、印刷、運輸等過程中的環境污染。這對生存環境日益惡劣的現代人類來說，正是迫切需要的，因此電子書是一種綠色環保產品。
有利於開發傳統圖書價值	首先，對現有傳統圖書可以發行其電子書版，這個轉換成本很低，卻充分開發紙質圖書的價值。其次，許多幾十年前甚至幾百年前的絕版書都可以製作成電子書，近乎零成本無限制地重印，永遠不會再有「絕版」的情況。另外，把有重要學術價值和文化累積價值但印量低的圖書以電子書形式出版，成本低而經濟風險小。
出版變得更容易	電子書的出版比傳統圖書要容易得多，個人或小型團體都可以透過網路通路利用共用的格式出版和發行電子書，這使更多的圖書得以出版。

二、圖書市場未來的發展趨勢

　　由學術資料和於參考書的出版正轉向電子媒體（如：網路電子圖書），印刷出版物將會受到影響出現衰落。另外，因製作電子圖書的簡單和低成本，將會有更多的個人直接在網路上出版電子圖書，並可透過某些商業圖書網站進行行銷。

圖 書 市 場 未 來 的 發 展 趨 勢	
圖書電子化	電子圖書的成本較低、製作容易、傳播迅速，進而加快新圖書的生產速度。
圖書簡易化	隨著筆記型電腦閱讀器的進一步改進和完善，以及儲存容量的不斷擴大，愈來愈多的人將擁有「掌上圖書館」，可隨時隨地查閱相關資料。
圖書市場區隔	圖書市場將會出現更激烈的競爭，競爭的結果是市場的進一步區隔，出現更專業、更有針對性、更接近讀者專項需要的圖書。
非商業性自費出版物快速增長	由於電子圖書製作上的簡易，以及傳統圖書出版的競爭，針對個人自費的出版市場前景看好。企業內部出版物增多（用於員工教育和客戶交流等），甚至家庭和個人出版物（家庭和個人資料的留存以及親友之間的交流需求）也將出現。
電子書店的出現	傳統書店將繼續經營圖書業務，但同時也會成為電子書下載服務網點，甚至出現專業的電子圖書下載書店。
圖書製作和銷售行業的區隔	市場競爭的結果會出現進一步的行業區隔，每一道製作工序和銷售環節都會出現專業的公司進行經營，分工更加明細，時效性和應變能力更強。大而健全的公司將失去競爭力。

第十二章　報業市場

　　從整體上分析，報紙是商品，但由於這種商品的特殊性，其服務對象較通常商品複雜，因此在行銷報紙商品時，既要注意到讀者的利益，重視報紙的可讀性，又要重視報紙投資者的利益，特別是廣告客戶的利益，並把這兩者的利益科學地結合起來。為此，報紙的銷售價格和廣告價格應注意協調，只要保證報紙的發行量，樹立其品牌的影響力，廣告客戶自然源源不絕，報紙的廣告收入當然也就會提高。根據報紙讀者市場和廣告市場的這種互動關係，報業產品的生產者在從事報紙生產時，既要充分注意市場的變化，又要認真研究報紙的定位，這是實現報紙的價值和使用價值的根本。

第一節　報業市場與市場行銷

一、報業市場（newspaper market）

　　報業市場是報業生產者與其產品消費者之經濟關係的總和。

報 業 市 場 共 由 三 個 小 市 場 組 成
1. 報紙生產者與讀者之間經濟關係所構成的讀者市場。
2. 報紙生產者與廣告客戶之間經濟關係所構成的廣告市場。
3. 報業其他產品生產者與其他消費者之間所構成的通常消費品市場。

　　毋庸置疑，讀者市場和廣告市場是報業的兩個基本市場，是報業的主業。這兩個市場同等重要，相輔相成。

報 業 市 場 三 要 素	
經營者 （Operator）	報業同行之間也存在激烈的競爭，經營的好壞決定報紙文化企業的命運。
讀者 （Reader）	報紙經營者透過向讀者提供資訊服務獲取發行收入，同時形成注意力資源，並以注意力資源為價值基礎，吸引廣告商。
廣告商 （Advertising agent）	報紙透過刊登廣告以獲取廣告收入。廣告和讀者還具有共生、互補性。報紙廣告帶來的生活、消費資訊及各種分類廣告，為讀者提供比較大的資訊量。

二、報業市場行銷

　　報業市場行銷並不是單純的發行策略問題，它要把行銷戰略理念貫穿於報業經營活動的每一個環節中。報業行銷戰略運作涉及「報業價值鏈」的每一個環節，下面僅擇其要做一論析。

報 業 市 場 行 銷 分 析	
市場環境分析 （Market environment analysis）	市場環境分析是行銷戰略運作的起點。主要考慮以下內容： 1. 目標地區市場容量評估。 2. 市場競爭者分析。 3. 上游市場分析。
鎖定目標讀者 （Lock onto target reader）	鎖定目標讀者是行銷戰略運作的前提。報業競爭，實質就是讀者的爭奪戰。目標群的主要因素是：人口密度，讀者的年齡、性別、受教育程度、購買習慣、生活方式、消費能力等。
確定競爭戰略 （Determination competition strategy）	確定競爭戰略是行銷戰略運作的基礎。報業的競爭戰略，就是處於市場不同地位的報業文化企業制訂不同的經營發展策略。

設計產品模型 （Design product model）	產品策略是市場行銷戰略的核心。在這方面報業文化企業要重點解決的問題是：報業經營者應提供何種產品模式去滿足讀者的需要。
創新發行策略 （Innovation release strategy）	創新發行是行銷戰略運行的關鍵。發行是報紙編輯完成後從印刷廠到讀者手中的流通過程，是報紙實現交換價值的關鍵環節。發行的創新，首先是模式的創新，其次是發行方法的創新。
制訂促銷策略 （Formulation promotion strategy）	促銷是產品贏得市場的必備方法。制訂促銷策略應遵循的原則主要有：避免單一性，講求組合性；避免盲目性，講求目的性；避免「老套」，講求創新性等。

　　另外，當前的報業行銷策略中，大多數的行銷理念與實踐都集中在如何吸引新的讀者，而不是如何維繫讀者上。事實上根據賴克海德和薩瑟的理論，一家文化企業如果將其顧客流失率降低5％，其利潤就會提升25％～85％。

第二節　報業讀者需要與購買決策

　　報業文化企業的讀者市場由文化企業生產和出售報紙以及讀者購買和消費報紙共同構成。其要素主要包括市場的人口數量（Population quantity）、消費能力（Expense ability）、分佈密度（Density of distribution）等。讀者消費能力不僅是指消費報紙的能力，而且是指讀者一年中全部消費的總和，這又是決定廣告投放的關鍵因素之一。讀者的分佈區域與密度是廣告投放決策時的重要考量標準，對報紙的二次銷售有著重大影響。

一、報業讀者需要與報業讀者滿意

　　讀者需要，無疑是一種精神需要，這裡專指讀者對報紙這一精神產品的要求與內心慾求，它通常產生於讀者有某種心理體驗的缺乏狀態。

報業讀者需要與讀者滿意	
讀者需要	包括三個主要方面：生存和發展的需要、休閒娛樂的需要、審美的需要。相關因素： 1. 需要的讀者構成。 2. 需要的報紙種類與數量。 3. 需要的市場區域。 4. 需要的市場環境。 5. 需要的實現方式。
讀者需要的特徵與形態	1. 當代報紙讀者需要的特徵：多樣化、即時性、交叉性、隱匿性、發展性、可誘導性。 2. 當代報紙讀者需要的形態：現實需要、潛在需要、衰退需要、飽和需要、否定需要、零需要。
讀者滿意： 維繫讀者的根本	通常來說，發行量愈大的報紙，讀者就愈多，讀者也愈滿意。維繫讀者的根本是滿足讀者需要，瞭解讀者需要的主要途徑有： 1. 切實做好科學性的讀者調查。 2. 認真做好讀者的來信、來電、來訪工作。 3. 開展與讀者的聯誼等社會活動。 4. 踏實做好互動工作。

二、報業讀者市場的購買決策（purchase decision）

報業讀者市場購買決策	
購買行為的類型	1. 尋求平衡型（Seeks the balanced type）：讀者對報紙品牌的追求。 2. 習慣性型（Routine）：遵從於習慣性消費。 3. 尋求變化型（Seeks the change）：喜歡標新立異，追求時尚。

購買決策的各階段	1. 確認需要：讀者對報紙的需求是一種精神需求。 2. 產生動機：經過一定因素的影響產生購買動機。 3. 收集報紙商品資訊。 4. 評估待購報紙商品。 5. 購買決策：有三種情況：放棄購買、延遲購買、決定購買。 6. 購後評價：購買之後的讀者感受。

第三節　報業廣告客戶滿意與購買行為

　　在絕大多數的情況下，讀者都會以接近或低於成本價格，甚至是以免費的方式來獲得報紙上的訊息，這就為大眾化報業的發展提供前提條件。

一、報業廣告客戶滿意
（Customer Satisfaction簡稱為CS）

報　業　廣　告　客　戶　滿　意	
廣告價值 （Formalization, intensified management strategy）	報紙透過讀者和廣告客戶體現兩種價值，讀者體現社會價值，廣告體現經濟價值。 1. 讀者的價值：讀者的價值主要體現在透過新聞版面的銷售實現報紙的社會價值，同時收集到讀者的「注意力資源」（Attention resources），進而實現「目光經濟」（Eyeball economy）的廣告利益。 2. 廣告的價值：讀者往往將報紙中的新聞資訊和廣告資訊做為一個整體來閱讀。
廣告客戶滿意 （The sponsor is satisfied）	廣告客戶滿意指廣告客戶在購買和消費報紙廣告版面或廣告服務的過程中，其慾望和需求獲得滿足的狀態。具體體現在以下幾個方面： 1. 廣告客戶滿意是「報紙贏利循環鏈」的關鍵環節。 2. 廣告客戶滿意是報業文化企業行銷策劃的主要依據。 3. 廣告客戶滿意是報紙品牌的重要組成部分。

廣告客戶滿意的培育與維繫	1. 加強與廣告客戶的溝通：建立便利的投訴制度並公正地處理投訴，舉辦「廣告客戶聯誼會」。 2. 報紙資訊公開化：增強廣告價格的透明度、報紙實際發行量的公開、報紙讀者構成情況的公開。 3. 多元化的廣告投放方式：廣告聯合投放、含公益色彩的廣告投放、集群式廣告投放、專題式廣告投放、專版式廣告投放。 4. 為客戶提供超值服務：關注客戶的廣告投放效益、紙質廣告的網路化、實施覆蓋率補足制。

二、報業廣告市場購買行為

報業廣告市場購買行為	
報紙廣告的特點	報紙廣告的優勢：編輯優勢、內容與版面優勢、印刷優勢、發行優勢。
報紙廣告購買行為	1. 報紙廣告購買行為類型：理智型（Intellectual type）、情感型（Emotion）、習慣性（Routine）。 2. 報紙廣告購買的決策方法：報紙接觸機會比較法、資訊到達程度篩選法、報紙訴求定位判斷法、報紙廣告價格比較法。
影響廣告購買的因素	1. 報紙的覆蓋優勢：數量覆蓋優勢、地域覆蓋優勢。 2. 讀者的「含金量」：讀者對廣告的關注度、讀者群體的消費能力。 3. 廣告投放成本：廣告千人成本、廣告投放性價比。 4. 廣告投放環境：廣告資訊的比率（廣告版面／報紙全部版面×100%）、廣告的編排設計。 5. 報紙的品牌形象：報紙的可讀性（Readability）、資訊的可信度（Confidence level）。

第四節　電子報發展與報業未來的發展趨勢

電子報是以數位媒體的形式出現在網際網路的網頁上，它的製作成本比報紙的成本更低，版面色彩更加豐富，並且可以突破報紙媒體的平面侷限，在版面中加入立體圖形動畫和背景音樂，使讀者更舒心的閱讀媒體內容。

一、電子報的優越性

電子報的優越性	
表現方式靈活多樣	電子報不僅能以靜態文字圖片的方式排版，還可以用多媒體技術加入動態影視畫面和聲音，表現形式靈活多樣，使讀者在閱讀中享受到高科技帶來的無窮樂趣。
便於下載和儲存	看到好的文章和畫面，只需簡單的點擊滑鼠就可保存在自己的電腦裡，儲存收集喜愛的內容非常便捷。
不受時間侷限	電子記憶體的容量巨大，可以在有限的空間裡儲存幾年甚至幾十年的電子報內容，讀者可以翻閱任何過去刊登過的文章。
內容更新快速	電子媒體的排版刊出速度非常快，無需在印刷和物流上花費大量時間，一經在網站中排版完成，讀者即可透過網路看到最新內容，時間效率和新聞時效性大大增強。
價格低廉	因為電子報無需印刷費用、紙張費用、物流運送費用，因此成本大大降低，售價也就相對的低廉許多。
突破地區侷限	無論是出差在外，還是到外地旅行，只需打開電腦連上網路，就能閱讀訂閱的內容。
節約資源	毫無疑問，數位媒體是節約地球資源的綠色環保產品。

二、報業的未來發展趨勢

報紙在電視媒體和網際網路廣告方面都將面臨挑戰，報紙銷售量會受到有較大的影響。網際網路在時間上的快速性、容量上的儲存性和內容範圍上的綜合性都是傳統報紙所難以企及的。

網際網路已經成為商家專業分類廣告主要的投放通路，報紙的市場銷售量持續下滑，面對新媒體時代，報紙正面臨著嚴峻的挑戰。

報業的競爭與未來發展趨勢

1. 報紙正在與電子媒體發生激烈的廣告爭奪戰，並且已經失去不少的市場銷售量。
2. 報紙為了取得促銷廣告和廣告刊登的市場銷售量，將不得不專業化區隔市場以更接近目標讀者群的方式保證銷售量。
3. 隨著筆記型電腦閱讀器（Notebook type electron microreader）的進一步改進和推廣，對傳統報紙必然產生更大的威脅，但同時也是報紙電子化轉變的一大發展機遇。
4. 報紙將面臨的是：電子媒體（Electronic media）和印刷媒體（Printing media）共存與競爭的局面。
5. 報紙的資料儲存庫將成為該行業主要資產之一，這些資訊資源的開放與訪問許可權的經營將成為報紙的主要收入來源。

第十三章　影音市場

　　在現今的商業競爭環境中，市場行銷已成為文化企業求生存、謀發展的生命線，利益競爭和責任競爭構成競爭的核心內容。文化企業的市場經營，其最根本的目的就是要追求利潤，只有這樣，文化企業才能更好地承擔屬於自己的社會責任，實現企業的社會功能。

　　以前影音公司（audiovisual company）是透過銷售來實現文化企業利潤，即從產品產生之後才開始「市場行銷」，這種形式只能適用賣方市場的競爭環境。但現在許多影音公司的老闆和行銷負責人們，都開始做市場行銷，從一整套的市場預案策劃、價格的掌控、通路管理到市場促銷，都要進行全程管理，這樣至少能從技術層面上有效保障文化企業的經營效果，進而規避諸多可控風險。

第一節　影音產品供需變動的影響因素

　　影響影音產品供需變動的因素大體上可分為產品需求影響因素和產品供給影響因素，兩者又有著互動的關係。

一、影音產品需求變動的影響因素

影 音 產 品 需 求 變 動 的 影 響 因 素
1. 平均收入直接影響影音產品的總體需求。
2. 社會保障體系和消費觀念將影響文化消費需求。
3. 影音產品的需求變動與人口結構有關。

4. 相關產品的價格變化對影音產品需求的影響。
5. 偏好與潮流。不同偏好人群比例的消長變化會給影音產品的需求帶來變化。
6. 特殊事件。
7. 行銷網路的延伸。

二、影音產品供給變動的影響因素

影 音 產 品 供 給 變 動 的 影 響 因 素	
進入門檻的影響	影音行業有政策門檻、經濟門檻和技術門檻。
技術進步的影響	由於數位技術的成熟和普及，製作優質影音節目是十分平常的事。
投入品價格對供給的影響	影音產品的投入品分節目投入品和生產投入品。
相關產品的發展促進影音產品的供給	製作單位增多、電視節目豐富，為影音節目提供更多的節目內容。
知識產權的保護與法制建設的完善	影音節目是精神產品，創作是泉源，創作的權利不能得到保護，創作的熱情喪失後會給節目供給帶來根本性的傷害。
重大事件影響節目供給	每一次重大事件，均會催生一系列節目源。

第二節　影音市場行銷的方式

　　影音市場行銷的方式主要是依靠品牌效應和完善發行通路來完成的，透過打造品牌製造知名度和美譽度，再透過完善發行通路來擴大產品銷路。

一、打造品牌（creating brand）

「知名度 + 美譽度」的結合是品牌的內涵的主要體現。任何產品或服務，知名度和美譽度都缺一不可，否則產品就會很快喪失生存能力。

打　造　品　牌	
網路行銷戰略 （Network marketing strategy）	一旦品牌開發完成就要迅速上網發佈： 1. 快速進入新品推廣的導入期，進行市場行銷和市場拓展，還能夠節約大量的廣告投放。 2. 新品資訊迅速上網，能夠以最更大範圍的尋求合作夥伴。 3. 能夠快速實現網路直接銷售。成為組合行銷最快速的一種方式。
規模化、集約化經營戰略 （Formalization, intensified management strategy）	品牌戰略必須體現集約化與規範化經營的特徵： 1. 規範化、集約化經營可以使開發的品牌進一步延伸和擴大。 2. 依靠大集團原有的管道和行銷隊伍推進新開發的品牌。 3. 透過合作戰略使製造商參與新產品的品牌戰略。

二、完善影音產品的發行

影　音　產　品　發　行　方　式	
影音產品的流通	1. 店舖銷售： 　　製作　→　生產　→　銷售　→　物流　→　代理店 　（計畫製作）（包裝）（促銷）（商品發送）（顧客管理） 2. 無店舖銷售： 　上門推銷、郵購（營業促銷）、網路。 3. 非包裝製品： 　演藝、廣播、通信。
物流系統	1. 日本採用全國性協作的方式建立高效率的物流系統。 2. 美國採用各地區分區自主經營的物流系統。

第三節　網路影音發展與傳統影音業未來

網路影音是傳統影音和網路特點相結合而產生的新的影音生產和傳播模式，從影音市場發展來看，網路影音代表著傳統影音業未來的發展趨勢。可以分為兩個部分：網路視頻和網路音樂頻道。

一、網路視頻（Network video frequency）

目前，網路上的視頻主要有三種存在形式：視頻點播、網路短片和網路電影。

視頻點播（Video on demand）是目前網路視頻存在的主要形式，用戶可以透過網路觀看自己喜歡的電影或者電視節目。但是這種形式都是傳統的電視或者電影上傳至網路供人們下載或者線上觀看，觀眾無法控制其發展過程。

網路短片（Network short film）通常是用數位方法拍攝製作而成，長度幾分鐘到十幾分鐘不等。網路短片最早出現於1999年6月，美國一位名叫大衛‧阿貝爾（David Abel）的人請自己的父母當演員，以自己的家庭為背景拍攝一段故事，他將短片在網路上進行傳播，獲得很大迴響。

很多專業網站和綜合網站為網路短片提供欣賞和交流的平台。人們可以線上收看短片，也可以上傳自己製作的短片。

網路短片的出現因素：一、受網路速度的影響；二、拍攝這些短片的人多為非專業人士的非營利行為；三、現代快節奏的生活使人們樂於接受這種「精神速食」。

比較起傳統的電影，網路電影（Network movie）的特性應該是多感官、全交互概念。

多感官（Multi-sense organs）：就是視、聽、嗅、觸多種感覺系統即時參與。

全交互概念（Entire interactive concept）：是針對現有的多媒體故事在編創者制訂好的情節中選擇的半交互概念而言的。

根據其交互的程度，網路電影的發展大致可以分為三個階段：

網 路 電 影 發 展 的 三 個 階 段	
選擇式交互 （The choice type is interactive）	在通常的電腦系統的支援下，可根據欣賞者的愛好與要求及操作使用的環境條件，以人機對話的方式對各種藝術要素的屬性及重組方式進行選擇。不同的選擇重組會產生不同的作品結構與不同的藝術效果。這種交互在目前的網路藝術作品中已經很常見。
推理式交互 （The inference type is interactive）	在專用軟體系統的支援下，藝術家可對創作所需要的要素進行靈活設置，如：情節、角色、道具、場景等並能自動按因果關係、邏輯關係進行推理，計算出不同條件下的事件的結果。這些在電子遊戲裡已有典型的運用。
自建構式智慧組合蒙太奇 （From construction type wisdom combination montage）	在具有智慧感知（Sensation）、識別（Recognition）、理解（Understanding）、判斷（Judgment）、表達（Expression）的智慧系統的支援下，能對藝術作品創作與欣賞過程進行自適應、自尋優、自學習、自組織的一種蒙太奇系統（Montage system）。這時欣賞者不再是一個單向觀賞者，而是和展示的藝術品用一種互動式的方式交流。

從網路電影的交互特性可知，它將是一種參與性極強的藝術，但是在參與的過程中，電影所特有的欣賞性也可能淡化。因此，網路電影的發展過程中，將不可避免地面臨參與性與欣賞性相協調的問題。一種新的藝術形式的誕生必然會帶來新奇的理論，網路電影藝術的發展不僅導致網路藝術的革命，也會產生交互美學理論和電影學理論的變革。

二、網路音樂頻道（Network music channel）

在網路上流傳的音樂頻道主要包括音樂和廣播。

從1995年開始，MPEG四處散佈MP3的播放軟體，供人免費使用。到現在，MP3和升級版MP4已經成為網路上音樂的主要格式。儘管目前MP3、MP4和傳統影音出版業之間的版權之爭仍在繼續，但是這並不是MP3、MP4發展的主要問題。一旦版權的問題得到解決，利用網路，利用MP3、MP4進行音樂的出版將成為人們需要考慮的問題。

目前，網路上還存在著一種以環境聲音為主題的網站。環境聲音指的是我們周圍環境所發出的各種聲響，是不同於音樂和廣播的另一種聲音形式。

還有一種交互性更強的音樂形式，透過空間而不是時間來組織音樂，觀眾在音樂環境中不同的路線會產生不同的聲響。當不同的人在作者所創造的三維環境中遊覽的時候，可以聽到不同的奇妙音樂。

就目前形勢看來，國際影音業的發展主要呈現出以下幾個趨勢：

國 際 影 音 業 的 發 展 趨 勢	
高科技化趨勢 （High tech tendency）	（最初）機械音軌技術→卡帶技術→雷射刻盤技術→數位資訊技術 （今天）。
國際化 （Internationalization）	隨全球經濟一體化（Global economic integration）進程而加快。
規模化 （Formalization）	近幾十年來，兼併成為影音業提高競爭層次的主要途徑之一，唱片 公司、電影娛樂公司的規模迅速擴大，並相繼被更大的文化企業集 團兼併。
網路化 （Network）	影音產品的網路化消費逐步形成時尚。影音網路租賃系統（簡稱 VOD，即Video On Demand）開始在網上出現。

第十四章　演藝市場

　　隨著電子媒體的不斷發展和廣泛應用，藝術節目以及廣告宣傳比任何時代都更加廣泛和深入的影響著人們的生活，演藝市場比任何時代更加爆紅，這為演義市場的發展開拓更加廣闊的市場前景。

第一節　演藝的組成要素與類型

　　演藝就是組織者組織演員在演藝場所把節目表演給觀眾欣賞的過程。這裡所說的演藝已經不僅僅是一個簡單的「表演」的含義，而是一個完整的活動過程，在這個過程中包含多種要素，共同構成演藝的全部內容。

一、演藝的組成要素

演藝 的 組 成 要 素	
演藝組織者 （Performance organizer）	演藝組織者可以是演藝商、演藝經紀人、演藝場所、演藝團體本身和演藝需要人。
演藝節目的形式和內容 （Performance program form and content）	演藝節目形式即演藝人員表演節目的具體表現形式。演藝節目形式主要分為兩類：一、單純劇類演出形式；二、綜合劇類演出形式。
演藝觀眾（觀眾） （Audience）	從商業演藝的角度說，觀眾就是演藝市場中的消費者。和其他的市場一樣，觀眾做為消費者是可以進行區隔的。對觀眾群體的區隔，對於演藝行銷具有重要的意義。
演藝時間 （Performance time）	演藝時間是指在演藝地點和場所所約定的演出時間。演出時間有三個含義：一、演出選擇的日期；二、演出開始的時間；三、演出從開始到結束的時間。

演藝地點和場所 （Performance place and place）	演藝場所是演出服務和交換的場所。儘管隨著科學技術的進步，廣播、電視、網路都成為演藝的載體，但傳統劇場等演藝場所仍是演出的主要陣地。

二、演藝類型的劃分

演 藝 類 型 的 劃 分	
根據演藝組織者劃分	根據演藝的組織者是否以贏利為目的，演藝分為商業性演藝和非商業性演藝。非商業性演藝包括紀念性演藝、會議演藝、慰問演藝、公益性演藝及慶典演藝等。
根據演藝節目形式劃分	可以分為單劇類演藝和綜藝性演藝。單劇種演藝，如：交響樂演出、戲曲演出等；綜藝性演藝是有多種表演形式綜合而成的演出。
根據演藝觀眾劃分	可分為慰問演藝、專場演藝、音樂普及演藝、會議演藝、彙報演藝和獻禮演藝等多種。
根據演藝時間特點劃分	可分為節日演出、慶典演出、紀念日演出、演出季演出、固定性演出和非固定性演出等。
根據演藝地點和場所劃分	根據演藝的地點，可分為國外演出和國內演出，國內演出又可分為城市演出和農村演出。
按照演藝是否進入演出市場劃分	可分為市場演出和非市場演出，或者稱為營業性演出和非營業性演出。需要行銷的演出是進入演出市場的市場演出。

　　演藝劃分的意義在於：首先，演藝經紀人要根據不同演出類型的特點，組織、籌畫不同內容和風格的節目，以滿足演出需要和演出觀眾的需要。其次，滿足演藝經紀人的統計工作需要和業務檔案分類的需要。

第二節　演藝要素與行銷的關係

　　演藝要素有：時間要素、地點要素、組織者要素、節目要素和觀眾要素。這五個要素與行銷都有著密切的關係，這些關係的把握與處理的好壞，都直接影響著演藝與行銷的成功與否。

一、演藝時間與行銷

　　演藝時間有三個含義：一、演出選擇的日期；二、演出日期裡開始的具體時間；三、演出自開始到結束的持續時間。下面就從這三個方面來討論時間要素與行銷的關係。

1. 演藝日期與行銷的關係

　　通常把演藝日期按照時間要求的長短劃分為三類：一次性演出、階段性演出和長久性演出。

演 藝 日 期 與 行 銷 的 關 係	
一次性演出 （Disposable performance）	行銷特點： 1. 行銷的主要工作在於招標競爭中勝出。 2. 需要行銷者有豐富的演藝運作經驗。 3. 需要行銷者有很好的經營資質和信譽保證。 4. 需要良好的公關能力。 5. 善於選擇合適演藝消費的日期。 6. 地方節慶演出是一次性演出行銷的最好機會。

階段性演出 （Gradual performance）	行銷特點： 1. 充分考慮演藝目標市場的需求。 2. 節目的地域適應性。 3. 演藝成本的低位化。 4. 演藝節目的生命週期。 5. 演出推出的檔期。 6. 階段性演出行銷具有反覆性。 7. 要注意對演藝整體內容的商業保密。
長久性演出 （Permanent performance）	行銷特點： 1. 宣傳投入要注意重點與分散結合的特點。 2. 對長久性演出中的保留項目的宣傳要側重其經典意義。 3. 長期演出的行銷對象是流動人口。

2. 演藝具體時刻與行銷的關係

演藝的具體時刻是指一場演出的準確開始時間。在演出開始時間上，行銷方面要注意的是：

演 藝 的 具 體 時 間 與 行 銷 方 式 之 間 的 關 係
1. 根據地方生活或工作的習慣來確定演出時間。
2. 根據整體節目內容和特徵來確定具體的演出時間。
3. 把握促銷方法與演出時間的關係。
4. 要嚴格遵守演出時間，尤其是最初的演出場次。

二、演藝地點與行銷

演藝地點是一個大概念，既可以理解為演出的地區，也可以理解為具體的演出場所，廣義的地區和狹義的具體場所與演出的行銷策劃都有密切關係。

1. 區域演出消費特性對演出行銷的影響

　　所謂的區域性就是指各地演出市場的不平衡性。因為地理和經濟環境、城鄉文化背景、歷史影響、風俗習慣、消費結構和民族宗教文化等綜合因素的共同作用，決定地方演出消費的偏好和傾向。

區 域 演 藝 消 費 特 性 對 演 藝 行 銷 的 影 響
1. 相鄰地區的連續演出對演出行銷的影響。
2. 選擇演出地區時應考慮演出聯盟的作用。
3. 演出地區對演出品質有一定的影響。包括：地理位置、交通運輸、地方政治文化背景等地方要素。
4. 演出地區對演出收入、成本的影響。
5. 演出地區對演出合約造成的不可抗力的影響。

2. 演藝場所與演出行銷的關係

　　演藝場所是演出服務的交換場所。在演出活動中，一個不可忽略的環節就是具體的演出場所的選擇。

演 藝 場 所 與 演 藝 行 銷 的 關 係
1. 演藝場所的硬體設施和環境條件要符合演出的品質要求。
2. 演出場所的周邊交通情況是選擇演藝場所的重要依據。
3. 劇場內演出時的人氣指數是演出行銷的重要因素。
4. 要突出體現演藝場所的特色服務和規範化服務。
5. 選擇劇場時要根據票房預算或劇場觀眾容量來進行。

6. 演藝場所的環境必須能夠保證演員的最佳演出狀態。
7. 進行演出行銷時，一定要充分考慮到劇場的市場供需關係。
8. 演出行銷要時，一定要考慮到在劇場方面的其他額外開支。

　　選擇演藝場所時要注意的一點是，演藝場所並不是總侷限於劇場這樣的規範演藝場地。根據不同的表演形式，可選擇不同的場地，如：廣場、體育場、會場，甚至學校、文化企業的餐廳等等。

三、演藝組織者與行銷

　　演藝組織者可以是演藝商、演藝經紀人、演藝場所、演藝團體和演出需要人。演藝需要人的範圍極其廣泛，文化企業、機關團體、各種社會組織、活動組委會等對演藝有需要的單位和個人都是潛在的演藝組織者。

演 藝 組 織 者 與 行 銷	
演藝主辦人與承辦人的行銷關係	當演藝商、演藝經紀人、演藝場所、演藝團體做為演出主辦人時，為了保證演藝品質，達到預期的行銷目的，就要慎重選擇演藝承辦人。這需要注意：查明承辦人的信譽與資質；注重承辦人的市場價值；比較承辦人的性價比；保證對承辦人的行為、素質控制。
演藝承辦人與主辦人的行銷關係	當演藝商、演藝經紀人、演藝場所、演藝團體在爭取承辦演出的權利時，應注意： 1. 展示自身優良資質。 2. 提供附加回報。 3. 塑造親和、誠信的公關形象。 4. 有特色的針對性宣傳策劃。 5. 發揮商譽優勢。

四、演藝節目與行銷

在演藝行銷過程中，會出現兩種與演出節目形式和內容相關的行銷方式。

節 目 形 式 和 內 容 相 關 的 兩 種 行 銷 方 式
1. 藝術表演團體對其他演藝需要人進行的行銷活動，即把固定的演出節目和內容推薦給演藝需要人或潛在觀眾。
2. 是演藝公司進行的演出行銷活動，在演藝節目形式和內容的選擇方面非常靈活，可以根據演藝需要人的具體要求提供相對的演出服務。

五、演藝觀眾（Performed Audiences）與行銷

演藝觀眾，從商業演藝的角度說，就是演藝市場中的消費者，也就是觀眾。演藝觀眾可以是直接的，也可以是間接的。對觀眾進行區隔，對於演藝組織者和演藝經紀人都有十分重要的意義。

區 隔 觀 眾 時 應 注 意
1. 根據演藝觀眾要求確定演出區隔目標市場。
2. 圍繞潛在觀眾群體進行演藝宣傳和促銷。
3. 根據方便觀眾的原則提供票務服務。
4. 根據演藝觀眾的耐力和心理確定演出時間和劇場服務。
5. 為觀眾提供可能的資訊交流和回饋服務。
6. 提供觀眾希望的附加價值服務。
7. 對演藝觀眾的引導和培養。

第三節　演藝服務的行銷方式

　　長期以來，演藝業缺少專業的演出宣傳途徑，演藝推廣過程目標模糊，缺乏效果。演藝商規模較小，行銷水準有限。演藝商在贊助市場方面「竭澤而漁」，缺少高效益的回報機制和高效率的連接方式，使贊助資源逐漸萎縮。演藝觀眾缺少專業的演藝資訊媒體。因此，創新演藝服務的行銷方式是非常必要的。

一、直效行銷（directmarketing）

　　直效行銷就是行銷者不受傳統行銷通路的限制，透過媒體直接與顧客溝通，進而產生互動式的反應或交易。

1. 直效行銷的基本特徵

直 效 行 銷 的 基 本 特 徵	
互動性	行銷者和顧客之間可以進行雙向的溝通。
可衡量性	演藝文化企業可以根據顧客回應確定行銷效果。
廣泛性	直效行銷可以發生在任何地點。

2. 直效行銷與傳統行銷方式的區別

直 效 行 銷 與 傳 統 行 銷 方 式 的 區 別	
個性化服務	行銷對象就是具體的潛在觀眾和終端客戶。
提供直接服務	直接對目標市場進行資訊溝通。
媒體選擇更具有針對性	在廣告媒體的選擇上更加針對觀眾。

以名錄做為目標市場選擇的主要工具	直效行銷通常都以名錄做為區隔和選擇目標行銷對象的工具。
行銷方法的隱蔽性	演藝文化企業直效行銷是在競爭對手不知情的情況下進行的。
注重與顧客建立長期合作關係	可以強化對觀眾的專門服務，促進演藝文化企業與觀眾間的互動性和溝通關係。
廣泛適用性	對演藝行業的各種類型、各種規模的文化企業都適用。

3. 直效行銷決策因素

直 效 行 銷 決 策 因 素	
發盤 （offer）	就是以推銷演藝服務為目的的演藝文化企業向其潛在顧客提出的一個完整交易提案。
創造性 （Creativity）	創造性類似於廣告創意，可以吸引顧客，讓顧客把需求與文化企業的演藝服務產品直接聯繫起來。
媒體選擇 （Medium choice）	包括電視、廣播、平面媒體、網際網路等媒體，還包括直效行銷所特有的媒體，如：郵件、電話和線上服務等。
時機選擇 （Opportunity choice）	包括一次性投放還是連續性投放，以及資訊溝通需要重複的次數和時間間隔。
顧客服務 （Customer service）	直效行銷的成功主要依靠顧客的重複購買，如何與顧客建立忠誠消費關係是直效行銷最重要的目標之一。

4. 直效行銷媒體

直 效 行 銷 媒 體	
電話行銷	演藝文化企業運用電話行銷不僅可以實現互動溝通，還能夠更好地滿足顧客的特殊需要。
郵件行銷	直接寄發載有文化企業演藝服務發盤的郵件，進行資訊溝通。
電視直銷	透過在電視媒體發佈直接發盤資訊，以尋求目標市場成員做出回應的直效行銷活動。
直接反應印刷媒體	是指雜誌、報紙和其他海報等印刷品做直接反應廣告。
直接反應廣播	是利用廣播發佈廣告資訊並尋求直接反應。
電信簡訊服務	手機的普及使用帶來一場通訊革命，隨之而起的手機簡訊服務顯示強大的行銷功能。簡訊業務也是演藝服務直效行銷應重視的重要媒體。
網路行銷和資料庫行銷	網路行銷和資料庫行銷是近幾年迅速發展起來的行業，也是直效行銷需要重視的行銷工具。

5. 直效式行銷的條件

　　直效式行銷雖然有很好的行銷效果，但應用於演藝服務文化企業尚需要具備一定的條件。

直 效 式 行 銷 的 條 件
1. 演藝服務文化企業要有穩定的演出服務計畫。
2. 演藝服務文化企業需要有很好的管理基礎。
3. 演藝服務文化企業需要有優良的行銷策劃隊伍和優質的服務品質。

二、IMP演藝整合行銷

IMP（Integrated Marketing Project：演藝業整合行銷計畫），目的是為演藝產業建立一種定向行銷媒體，利用資料庫將演藝推廣、票務代理和贊助仲介三種服務整合在同一媒體平台之上。

1. IMP的服務內容

IMP 的 服 務 內 容	
為消費者提供的服務內容	1. 以廣告雜誌為媒體，向積極的演藝消費者提供具有娛樂性、時尚性、值得品味和收藏的演藝資訊服務。 2. 提供演藝消費折扣以及其他消費優惠，鼓勵經常性的演藝觀眾。
為演藝商提供的服務內容	1. 專業的演藝推廣服務。 2. 開發演藝市場，促進演藝消費，使演藝業得到持續的增長。 3. 以演藝資源、雜誌廣告資源和會員資訊為依據，吸引贊助商。
為商務消費、贊助商、廣告商提供的服務內容	1. 透過IMP的演藝行銷通路，為贊助行為和贊助文化企業提供一體化的專業推廣服務，使贊助回報達到最大化。 2. 為演藝的商務消費者提供特殊的訂製化服務，增強客戶的演出欣賞體驗。 3. 為廣告商提供高收入層次和高消費慾望的優質廣告對象。 4. 結合商務資源形成高級社區，提供以演藝為依據的商務社交和公關活動。

2. IMP的市場定位

IMP 的 市 場 定 位	
對消費者市場的市場定位	1. 成為IMP會員是一種品位或地位的象徵。 2. 閱讀IMP廣告雜誌能夠增加欣賞樂趣和更有價值的欣賞體驗。 3. IMP是最貼近的服務者，提供最具有競爭力的購票價格和消費優惠。
對於演藝商的定位	1. IMP是目前演藝市場上唯一將策劃推廣、贊助仲介和票務代理整合在一起的媒體平台和資料庫服務商。 2. IMP能夠提供把更專業、更易被接受、體現最大價值的演藝定位與資訊傳達給消費者和贊助商，能夠有效降低演藝商營運成本和風險，提高收入。 3. 在引進演藝項目時，IMP能夠提供準確的諮詢服務和及時的市場情報。
對於商務客戶和文化企業客戶的定位	1. IMP是文化企業透過文化演藝連結客戶和商務公關活動的最好拍檔。 2. 在贊助演出時IMP能提供規範的仲介服務和最大的贊助回報。 3. IMP廣告雜誌和演藝資源是接近社會高層的最好的途徑。

3. IMP的主要贏利方式

IMP 的 主 要 贏 利 方 式	
票房收入	能夠在短期內集中獲得最大的市場銷售量，向演藝商要求更大的票房折扣。
贊助仲介收入	IMP從演藝商那裡收取仲介服務費。
廣告收入	IMP廣告雜誌的發行對象是最具有誘惑力的高層次消費者。
行銷諮詢收入	以消費者會員和文化企業會員為基礎開展各種收費的市場調查服務。

4. IMP的戰略目標

IMP 的 戰 略 目 標	
整合資源 （Conformity resources）	1. 整合以演藝推廣、票務代理和消費者服務為主的消費者市場。 2. 整合以商務消費者、潛在贊助文化企業、廣告商為主的商務資源。 3. 建立以演藝商、消費者和文化企業三大群體為目標的無縫隙服務模式。
尋找合作夥伴，建立跨地區網路	IMP可以迅速向其他地區拓展，以獨資或者合資的形式在外地複製IMP的營運模式，拓展廣告雜誌的覆蓋面和贏利規模。
建立品牌媒體	IMP的核心是媒體產品，以媒體區隔市場做為演藝業定向行銷通路，開發高附加價值服務。

　　IMP為演藝業整合行銷提供基礎性的宣傳平台，它既能宏觀性地參與演藝市場運作，同時也參與各種具體細節問題的解決，總而言之，其價值仍是體現於實現市場連結和市場服務的層面上。

第四節　演藝文化與網路時代的結合模式

　　隨著電子媒體的發展和廣泛應用，以及網路媒體的普及，演藝文化與網路時代的結合模式被更加廣泛的應用，更多的觀眾是透過讀屏的方式來欣賞和消費演藝文化。目前，讀屏的方式主要是電視和網路，以及正在發展的手機視頻閱讀。

演 藝 文 化 與 電 腦 網 路 時 代 的 結 合 模 式	
電視螢幕 （The television reads the screen）	這是目前演藝文化最主要的傳播方式，觀眾透過觀看電視節目來欣賞和消費演藝產品。

電腦網路 （The network reads the screen）	這是正在發展和壯大的文化傳播方式，愈來愈多的網友透過網路欣賞和消費演藝文化產品。
手機上網 （The handset reads the screen）	手機的靈活性和簡易性成為電視和網路之外的一種最好補充，人們可以在戶外的活動空檔欣賞和消費演藝產品。

第十五章　娛樂市場

　　如果說勞動是在奮鬥中體驗人生和世界，那麼娛樂則是在自由和放鬆中體驗、感悟人生和世界，在勞動之餘，用自己能達到的娛樂方式，充分發展個性，發揮潛能，進而對人生和世界獲得一種完美的、全面的心理感受。

　　傳統意義上的娛樂只是為了解除人們長時間工作所帶來的疲勞和精神緊張，目的單純，方式少，內容也較淺顯。由於現代生產力的發展，愈來愈多的人們開始轉向文化精神的消費與追求，更多的時間和資金用於休閒娛樂，消費結構也隨之發生變化。

第一節　娛樂業概述

一、娛樂業（Entertainment）的內涵

　　對於娛樂產業概念的認識，學術界有三種解釋：

娛 樂 業 的 內 涵	
指與娛樂活動有關的一切生產經營活動。	除了包括娛樂本身向社會提供的服務外，還應包括活動器材、場所、服裝等相關領域的文化企業。
以活動向社會提供各類勞務的行業的總稱。	將娛樂產業界定在娛樂本身向社會提供服務的範圍內，而並未擴展到其他相關領域。
以辦成經濟實體或實行文化企業化經營為標誌的產業。	娛樂產業要具備以下要素： 1. 擁有能夠生產物質、提供社會勞務的勞動力。 2. 具有能夠支配的資產（包括無形資產）、資金等生產資源。 3. 具備能將上述生產要素結合起來的經濟組織和保障體系（如：核算制度）。 4. 在持續的經營、生產中，能將上述投入形成社會需求的產出（實物或勞務）。

二、娛樂文化企業經營的類別

文 化 娛 樂 企 業 經 營 的 類 別	
獨立經營娛樂文化企業	在經營管理上是完全獨立自主的。它由企業負責人全權負責整個娛樂文化企業的經營和人、財、物的管理，創造和享有經營利潤。又可以區隔為以下兩種具體的形式： 1. 單一性娛樂文化企業。如：歌廳。 2. 綜合性娛樂文化企業。如：具有多種娛樂項目的娛樂中心。
附屬經營的娛樂文化企業	指設立在其他形式行業的文化企業之中，做為其二級部門存在的娛樂經營個體。它的經營管理受到上級的領導和控制。

第二節　娛樂業行銷

　　隨著全球娛樂業長期、持續、迅速的發展，傳播媒體和娛樂產品以其無所不在的影響，逐漸滲透到社會經濟增長、文化進程和社會生活的所有層面裡。娛樂行銷已成為優化未來文化企業的決定性概念。

一、卓越產品（excellence product）

　　卓越的產品是企業生存和發展的根本保證。堅持以「內容為主」的中心思想，是任何一家優秀娛樂文化企業能夠保持長期輝煌的最為關鍵的一個因素。下面以迪士尼（disney）為例進行講述：

1. 迪士尼的成功產業

迪 士 尼 的 兩 大 支 柱 產 業	
迪士尼卡通	以其故事內容的生動和製作手法上的誇張趣味贏得全世界觀眾的喜愛。其卡通表現形式主要是影視卡通，其次是卡通畫冊。

迪士尼樂園	藉助於人們對迪士尼卡通人物的喜愛，把卡通人物現實化： 1. 工作人員扮演卡通人物形象。 2. 娛樂設施卡通化。 3. 吸收世界各地的本土化卡通形象。

2. 迪士尼的品質管制

迪 士 尼 的 行 銷	
內容為主	注重內容的創意性和趣味性，帶給觀眾神奇體驗，撥動觀眾的快樂神經。這是迪士尼成功的根本。
製作精良	迪士尼集團的所有產品在製作的過程中都遵循「產品力求精益求精」的原則。
管理嚴格	在產品戰略上不約而同地把視野定位在細節上，在任何環節上都要嚴格管理。
營造高品質形象	迪士尼培訓中的一項重要內容就是灌輸高品質的理念，並以高品質的形象進行行銷。
多元化的產品戰略	迪士尼不但進行動畫製作，自營開創影業公司、建立主題公園、製作電視節目、開創電視傳播媒體網路。
全球化目光	迪士尼不但在美國本地拓展業務，而且還將目光盯向全球進行擴展。

二、娛樂促銷

　　娛樂促銷是指行銷人員將有關文化企業的娛樂產品資訊透過各種方式傳遞給消費者和用戶，促進其瞭解、信賴並購買，體驗本文化企業的娛樂產品，以達到擴大銷售的目的。因此，娛樂促銷的實質就是行銷人員與購買者或潛在購買者之

間進行有效的資訊溝通。這種資訊的溝通可以透過廣告、人員推銷、營業推銷和公共關係四種方式實現。

娛 樂 促 銷	
明星效應 （Star effect）	娛樂行銷的一大特點就是它永遠跟著流行走，這種流行並不是一種單純的某種流行音樂時尚的結合，也不是打著娛樂幌子的非必要性促銷，而是年輕化消費市場的時尚因素。
整合行銷傳播 （Conformity marketing dissemination）	整合行銷傳播理論集大成者舒爾茨認為：在資訊過量、媒體繁多、干擾大增的情況下，「資訊的傳達」與「資訊的內容」分量相等。可利用報紙、雜誌、電視、電台廣播、網路媒體等多種媒體促銷。
混合促銷方法 （Mix promotion method）	把廣告、公關、直銷推廣等促銷工具有機地結合起來，實施「混合式促銷」。
交叉行銷 （Overlapping marketing）	交叉行銷是指透過尋找和服務同類顧客的本文化企業的其他服務部門或其他文化企業，建議雙方採取共同合作的方式，以便更好地吸引現有和潛在的顧客。

三、完美服務

　　將文化企業自身的能力與顧客的客觀需求搭配以達成雙方的目標是娛樂行銷的核心理念。如果兩者能夠充分搭配，文化企業要從服務的本質功能和外延功能上來發揮優勢，進而滿足顧客的需要。即文化企業要實行服務行銷策略。

服 務 行 銷 策 略	
SCSE的服務理念	SCSE的服務理念：安全（safety）、禮貌（courtesy）、表演（show）、效率（efficiency）。 1. 娛樂設施的安全。 2. 要求員工要對觀眾或遊客友好，常常面帶笑容，講話要文明，要彬彬有禮。 3. 工作人員應是能給觀眾或遊客帶來歡樂的表演者。 4. 員工都要及時地幫助顧客解決難題。
一切為顧客著想	1. 建立「顧客至上」的服務觀念。 2. 滿足顧客的需求，給顧客帶來快樂。 3. 讓每一位顧客高興而來，滿意而歸。

第三節　娛樂業發展與科技結合未來趨勢

　　人類科技的進步與數位時代的到來為娛樂業帶來前所未有的生機，數位媒體與無線通訊技術把聲光視聽娛樂產品傳播到地球上任何角落，傳統的娛樂傳播方式逐步被新的科學技術傳播方式所取代，這種趨勢已經無可遏制的到來。

娛 樂 業 與 科 技 結 合 的 幾 種 趨 勢	
電視媒體的娛樂	透過電視節目、機上盒為觀眾提供娛樂服務。
網路媒體的娛樂	提供網路為網友提供娛樂服務。
筆記型電腦媒體的娛樂	提供MP3、MP4、遊樂器、手機等筆記型電腦媒體為觀眾提供娛樂服務。

第十六章 文化旅遊市場

文化旅遊是一種特殊的行為方式和行為過程，其特殊性主要表現在「非謀生或就業」（Must makes a living or the employment）、「外地發生」（Outside areas occurrence）和場景特徵（Scene characteristic）三方面。

旅遊是發生在外地的非就業行為，所有旅遊者的旅遊過程都是在離開自己的文化環境的狀態下發生的。從旅遊行為的角度來看，文化旅遊就是旅遊者涉足（Stepping in）、接觸（Contact）、觀賞（Watching）、體驗外地文化（Experiences the outside areas culture）及其文化環境氛圍的過程（Cultural environment atmosphere process）。

本章中，我們將對文化旅遊市場所包含的具體內容做系統的闡釋和瞭解。

第一節 文化旅遊的動機和行為指向

旅遊活動簡單地說就是一個由動機到行為的過程，動機加行為構成一個完整的旅遊活動程序。不同的動機產生不同的旅遊活動類型，如：原始簡單觀光旅遊、內容豐富的文化旅遊等類型。與其他類型的旅遊活動相比，文化旅遊在動機和行為方面存在著明顯的文化特徵。本節中，我們基於文化這一主體對文化旅遊的動機和行為指向做出分析。

一、文化旅遊的行為動機

文化旅遊是當今旅遊業的主導性內容，在文化旅遊的過程中，文化是旅遊活

動的目的，旅遊是文化實踐的方法。文化旅遊在於透過具體生動的旅遊活動，將無形、內涵豐富的文化資源轉化為一種可以切身體驗的文化享受，這也是文化旅遊的行為動機之所在。

1. 旅遊行為發生的兩種基本力量

旅遊行為的發生是基於兩種力量的互動：一種是外向力，另一種是吸引力。

產 生 旅 遊 行 為 的 兩 種 基 本 力 量	
外向力 （Outside directive force）	外向力是旅遊者自身及所處群體產生的超越既有環境約束的一種期望性的社會心理因素。
吸引力 （Attraction）	吸引力則來自外地的環境和特殊場景，是旅遊目的地特有的環境或場景對旅遊者期望的回應。

2. 文化旅遊的需求動機

文化旅遊的需求動機有三個層次的需求，即人們希望透過旅遊滿足：社交和歸屬需求、尊重需求和自我實現需求。

文 化 旅 遊 的 行 為 需 求 動 機
1. 旅遊者的生活和文化都有一定的時空限制，時空分割產生特定意義上的「距離」和「不可及」，文化憧憬（Cultural expectation）和追求便由此發生。對不同的文化情景（Cultural scene）、文化場景（Cultural scene）乃至文化環境（Cultural environment）的理想化聯想，往往導致強烈的文化旅遊衝動，文化旅遊就是對這種文化理想的憧憬和追求。
2. 文化旅遊有著文化休閒、文化學習和提高文化素養等明確的需求指向。文化旅遊休閒性動機包含兩個並列的主題：一、品位的生活（Personal status life）；二、藝術化的生活（Art life）。

3. 外地文化的憧憬包含兩個方面：一、人文憧憬（Humanities expectation）；二、旅遊者帶著一種融入的幻想進入目的地，有一種如同影視觀眾陷入劇情的自覺或不自覺。

4. 吸引是文化旅遊動機形成的外部主要原因。人類受好奇心的驅使，對不同文化具有新鮮感（Curiosity）和奇異感（Strange feeling），瞭解異質文化（Neterogeny culture）的願望和要求構成直接的文化旅遊動機。

3. 文化旅遊的作用

文　化　旅　遊　的　作　用
1. 文化旅遊是「現代社會的補償現象」（Modern society's compensation phenomenon），它對促進人們的身心健康、推動社會的文化交流、加強各國人民之間的瞭解有巨大的作用。
2. 對旅遊的目的地來說，旅遊者的進入以及所帶來的外地文化或異質文化，也調整原有的文化資訊系統，增添新的文化氣息。
3. 在文化旅遊場景中，透過參與各方不同形式的文化展現，提供並逐漸確立不同文化的比較參照系統，產生特定的文化評價與文化選擇機制，實現文化傳播（Cultural dissemination）或跨文化傳播（Trans-Culture dissemination）。

二、文化旅遊行為的文化導向（cultural orientation）

　　文化旅遊行為包括旅遊者對旅遊目的地與文化旅遊方式的選擇和在旅遊目的地文化旅遊場景中的文化行為。

　　現代人的基本特徵是準備和樂於接受未經歷過的新的生活經驗、思想觀念和行為方式。對旅遊者的態度和行為調查顯示，文化旅遊的行為趨向主要包括：

文 化 旅 遊 的 行 為 趨 向
1. 尋求不同文化形式的生活經驗。
2. 轉移注意力，逃避陳規，拓展文化視野。
3. 尋求並重新確定文化精神生活的中心。

　　文化旅遊行為具有文化趨異性（Cultural divergence）。旅遊者對文化環境、文化樣貌、文化風格，甚至文化性質不同的異質文化充滿好奇，有著較大的文化介入衝動。

三、文化旅遊的文化傳播價值（communication value）

　　文化旅遊在旅遊業中已經佔據愈來愈大的比重，尤其是在傳統文化的價值上，旅遊產品的文化結合度愈來愈高，當地的歷史文化、人文風情、地方特色等傳統文化價值愈來愈多的成為吸引遊客的焦點，為旅遊業帶來更大的傳統文化價值內涵。

文 化 旅 遊 的 文 化 傳 播 價 值	
文化和諧性 （Cultural concordance）	在文化旅遊的過程中，旅遊者透過對自然、歷史的考察，以及與其他旅遊者、旅遊目的地居民的交往，或是追求到人與自然、歷史的和諧，或是追求到人與人、人與自我的和諧。
文化平等性 （Cultural equivalent）	文化旅遊過程中所產生的人際交往關係，儘管是或然的、零星的和短暫的，但文化旅遊有益於文化間真正的情感交流，進而使旅遊者、旅遊目的地居民對文化的自我認同相對客觀，這是對現代傳播中的文化霸權主義的有效抵制。

文化增益性 （Cultural gain）	文化旅遊做為最有效的文化傳播的仲介系統之一，對社會文化產生廣泛的影響，它增加文化資訊的價值意義 —— 如：文化融合後新文化對於融合前的文化就會產生某種增值，因為不同文化的融合是一種「1+1>2」的文化增益。
跨文化傳通性 （Inter-Cultural communication）	跨文化傳通是用來泛指不同文化背景人們之間傳通的狀況，是發生在文化旅遊目的地國家、民族和種族文化區域、文化旅遊場景中的文化群體成員之間的多層次的交往活動。
跨文化傳通的形式豐富多樣性 （Form rich multiplicity）	文化旅遊的跨文化傳通的形式豐富多樣，從傳通的範圍來說，既有跨種族、跨民族和跨國際的傳通，也有跨民族、跨地區、跨社區的國內傳通，甚至有不同文化群體（如：主流文化與亞文化群體）之間的傳通。

第二節　文化旅遊產品的開發

　　文化旅遊並不單單是一種文化賞玩活動，同時也是一種文化參與和文化介入的過程。在這一過程中，文化已不再僅僅是一種抽象的概念，而是一種生動形象、具有市場轉化力和社會功能的具體行為，通俗地講，就是文化一定要活起來。現代文化旅遊最重要的一點就是崇尚參與和親身感受，而這種崇尚參與和親身感受，則要透過文化旅遊產品得以實現。

　　文化旅遊產品包含廣泛，大到一個文化旅遊項目，小到一件紀念品，文化旅遊產品集中體現該文化旅遊區域自然環境、社會人文、經濟等各方面的情況。所以，開發優秀的文化旅遊產品對文化旅遊來說至關重要。

一、文化旅遊產品的市場定位

　　一個好的文化旅遊產品，必須要以市場為導向，經得起市場的檢驗。所以，在文化旅遊產品開發之前，針對市場所做的一系列前期工作是必不可少的。

1. 文化旅遊產品的市場開發調查

文 化 旅 遊 產 品 的 市 場 開 發 調 查	
文化旅遊產品 開發調查	1. 發現旅遊者的行為可進一步分為兩類： ① 發現旅遊者過去的行為。 ② 預測旅遊者將來的行為。 2. 滿意度調研的基本目標是： ① 確定滿意度的關鍵決定因素 ② 測定當前的滿意水準。 ③ 為管理者提供建議。 ④ 長期追蹤滿意水準。
文化旅遊產品 定位調研的主 要用途	1. 確定某一類型文化旅遊產品中各品牌的優勢及差異，進而實施影響。 2. 瞭解文化旅遊市場的競爭結構，透過確定旅遊者認為哪些文化旅遊產品相似，使文化旅遊的行銷者可以集中致力於某些文化旅遊產品品牌，以獲取市場銷售量。 3. 提供何種文化旅遊替代品可以互換、影響購買決策的重要異同點的資訊；有助於評估文化旅遊產品達到某一定位的可行性。
文化旅遊市場 的區隔原則	文化旅遊市場區隔的原則是：可衡量、可佔據、規模性、相對穩定性。 1. 可衡量（May weigh）：指對區隔市場的旅遊者對商品需求的差異性要能明確加以反映和說明，能清楚界定；區隔後的市場範圍、容量、潛力等也要能定量加以說明。 2. 可佔據（May occupy）：是指應使各個區隔市場的規模、發展潛力、購買力等都要足夠大，以保證旅遊文化企業進入這個市場後有一定的銷售額，同時旅遊文化企業也可以利用現有條件能夠佔領市場。 3. 規模性（Large scale）：是指這個區隔是否大到足以在經濟上可行。 4. 相對穩定性（Relative stability）：是指佔領後的目標市場要能保證旅遊文化企業在相當長的一個時期經營的穩定，以保證旅遊文化企業長期穩定的利潤的取得。

文化旅遊市場區隔的基礎	文化旅遊市場區隔的基礎主要有三個方面的指標： 1. 人口統計指標（Population statistic target）：其主要資訊和變數有區域（範圍、城市規模、人口密度等）、年齡、教育背景、性別、婚姻狀況、家庭規模、收入、家庭生命週期、職業等。 2. 行為和心理指標（Behavior and psychological target）：主要資訊和變數有價值取向、對旅遊的需求程度、品牌忠誠、個性特點、情感和認知區隔、對旅遊產品和服務的態度等。 3. 社會文化指標（Social culture target）：主要資訊有民族、宗教或其他信仰、社會階級或階層、生活方式（保守的、自由的等）等有關的亞文化資訊。
文化旅遊市場的區隔策略	文化旅遊市場的區隔策略主要有先期劃分、後期劃分和隨意劃分。 1. 先期劃分： 　是根據假定或已知與旅遊者購買、使用產品或服務有關的公認的劃分模式，將旅遊者分組。 2. 後期劃分： 　也稱假設性區隔，是將某些對分類問題持類似回答的調研對象集合而成的。 分類問題主要有： 旅遊消費類型、對某一旅遊產品的態度、對旅遊品牌的態度、旅遊品牌轉移行為等。 後期劃分調研的目標是： ① 識別區隔市場。 ② 確認不同區隔市場間的差異。 ③ 發現產生差異的原因。 ④ 確定規模和潛在利潤。

2. 文化旅遊產品的市場定位

文　化　旅　遊　產　品　的　市　場　定　位	
文化旅遊消費的基本傾向	文化旅遊消費的基本傾向是對外地、異質文化的期望。 1. 依據已有的歷史考古發現，可以設計組合成歷史文化內涵極為深厚的「歷史文化旅遊線路」（Historical and cultural tourism line）。 2. 依據豐富多樣的區域文化，可以設計組合地方文化色彩濃郁的「區域文化之旅」（Travel of the region culture）。 3. 依據特色文化寶藏，可以設計組合「專題文化之旅」（Travel of the special culture）。
文化旅遊產品市場定位的切入點	有兩個切入點： 1. 變換文化旅遊的生活場景，使旅遊者置身於外地人文景觀中，系統展示不同風格的生活場景，乃至使旅遊者參與其中，產生文化上的「換境移情」（Trades the boundary to move the sentiment）。 2. 透過改變旅遊者的生活節奏、生活內容組合和形式變化與文化上的反差，消除旅遊者對生活的單調感和乏味感。
文化旅遊市場分類	1. 文化旅遊市場的三個層次： ① 以觀光為主要目的的通常旅遊市場。 ② 渡假旅遊、商務旅遊和會議旅遊市場。 ③ 以修學、探險、科學考察等為目的的特種旅遊市場。 2. 文化旅遊市場的內外取向： ① 出國旅遊。 ② 入境旅遊。 ③ 國內旅遊。

二、文化旅遊產品的市場開發

文化旅遊產品的市場開發	
文化旅遊產品的開發策略	1. 從文化旅遊產品的特色來看，主要應體現外地和異時的文化風貌。 2. 從文化旅遊產品的內涵來說，文化可以表現為： 　① 整體的模式和局部區域模式。 　② 文化的歷史性、區域性特徵體現內涵。 　③ 典型性、代表性文化內容。 3. 從年齡特徵上又可分為： 　① 青少年學生旅遊群。 　② 中青年職業者文化旅遊群。 　③ 老年退休者懷舊文化旅遊群。
文化旅遊的產品體系	文化旅遊產品的開發要加強歷史文化、民族文化、區域文化的內涵，突出特色化建設，以提高規劃創意水準為基礎，以發展創新為龍頭，以配套完善為保障，以擴大市場為目的，參照國際化標準達到體系化發展。 1. 開發文化古蹟、民俗風情等文化觀光旅遊體系。 　① 歷史文化觀光旅遊可以細化到具體的歷史事件考察、人物尋蹤、場景還原和再現。 　② 區域文化觀光旅遊可以細化到街巷、村落、家庭，並側重策劃參與性的線路產品。 2. 適應區隔市場的主要策略是突出加強文化旅遊的產品體系建設，掌握產品的配套、組合、開發及規範。 　① 要考慮區域旅遊產品組合的廣度、深度和相關度。 　② 文化旅遊產品開發要有創意。

第三節　文化旅遊產品的市場行銷

　　文化旅遊產品開發出來後，接下來的工作就是要進行市場行銷。文化旅遊市場行銷的觀念要求從市場需求出發，透過文化旅遊產品和服務的不斷創新與適銷對路，透過經營決策的組織和管理，最終滿足旅遊者的需要。

一、文化旅遊產品的市場行銷理念與策略

1. 文化旅遊產品的市場行銷理念

文 化 旅 遊 產 品 的 市 場 行 銷	
專注文化旅遊市場行銷目標	在於深刻地認識和瞭解客源市場，動員和組織文化企業的一切力量來制訂可行的經營目標，並形成一個完整的體系來保障這一目標的實現，進而使文化旅遊產品完全適合旅遊者需要而形成產品自我銷售。
文化旅遊與環保問題	隨著旅遊業的發展，對環境問題和綠色行銷的關注程度以及優先考慮必然會不斷增強。處理好環保問題是可持續發展的保證。
旅遊服務的品質	取決於旅遊文化企業員工團隊的素質，現代文化企業管理注重「柔性」的親和溝通，就是要透過使管理層和操作層達成共識，構成「一體」同盟，進而在追求卓越和成效中達到有價值的目標。
旅遊是文化性的經濟產業	需要在社會轉型過程中樹立「文化本位」觀，注重昇華文化企業員工的文化品格，塑造文化企業良好的公眾形象，進而在贏得社會大眾的信任和愛戴的基礎之上，透過適銷對路的產品，吸引眾多的旅遊者，最終獲得可觀的經濟效益。
文化旅遊者的主觀心理感受	旅遊服務的方式，也出現一種由規範化向個性化轉變的趨向。一個旅遊文化企業的特色，是在規範與非規範的有機組合中構成的。愈是充分考慮旅遊者的特殊需求，並把這種個性服務當做常規，愈能體現這一旅遊文化企業服務的高品質。
樹立「大旅遊」的行銷觀念	要針對旅遊市場散戶比例逐步提高並已成為主體的新特點，加強區域聯盟，發揮區域資源的優勢，組合有生命力的產品推向市場，努力創造適合散戶旅遊的文化旅遊市場行銷大環境。
有效的行銷資訊傳遞	文化旅遊的市場行銷要透過有效的行銷資訊傳遞實現。應著力建設文化旅遊市場行銷服務網路。

2. 文化旅遊產品的環境行銷策略

文化旅遊市場行銷與環境是一種適應關係，文化旅遊市場行銷要深入研究文化旅遊市場行銷環境，適應環境因素的可持續發展，才能保障在市場經濟競爭中立於不敗之地。

行 銷 環 境 所 受 影 響 的 方 式	
微觀行銷環境 （Microscopic marketing environment）	微觀行銷環境是直接影響和作用於旅遊文化企業市場行銷活動的環境因素，如：文化旅遊者、批發商、生產者、競爭者等
宏觀行銷環境 （Macroscopic marketing environment）	宏觀行銷環境是旅遊文化企業市場行銷活動中間接發生影響與作用的因素。

由於文化旅遊者的選擇性強、旅遊活動範圍大，使旅遊供給者必須面臨競爭愈來愈激烈的市場行銷環境的挑戰。文化旅遊市場行銷的微觀和宏觀環境雖然分別存在於不同的空間範圍中，但兩者在旅遊文化企業整體市場行銷活動中缺一不可。文化企業為了實現自己的行銷目標，為了最大限度地滿足消費者的需求，要千方百計地將微觀可控制因素與宏觀不可控制因素協調起來。

文 化 旅 遊 產 品 的 環 境 行 銷 策 略	
綜合行銷 （Synthesis marketing）	旅遊文化企業在針對目標市場進行各種行銷活動時，要將以上微觀行銷環境因素進行綜合運用和調整。
公眾環境 （Public environment）	關注客源地公眾的態度，預測他們的動向，發展和他們的建設性關係。從文化旅遊廣闊的潛在消費群而言，文化旅遊市場行銷的成功與否，還受到社會中各種公眾對它們的行銷活動如何看待的影響。
人口環境 （Population environment）	人口環境包含諸多要素，如：人口數量、密度、人員年齡、種族、性別、職業……等等情況。

與時俱進 （Keeping pace with the times）	文化旅遊市場行銷要適應時代文化的變化，要隨著時代文化的變化而變化。
與國際接軌 （With international trail connection）	旅遊文化企業在開展國際文化旅遊市場行銷活動時，不能以本國文化為參照，而要自覺地考慮異國文化的特點，使文化旅遊市場行銷與國際旅遊市場中的文化因素兩者之間相互適應。
跨文化因素 （Trans-Culture factor）	文化旅遊環境行銷還涉及跨文化因素。所謂跨文化是指跨越不同系統、不同模式、不同性質文化的行為或理念。文化旅遊的跨文化產業市場行銷主要是指跨越地域文化、民族文化的行銷行為和行銷理念。

二、文化旅遊產品的推銷與促銷

1. 文化旅遊產品的市場推銷

A、推銷過程要顧及一些環節

　　旅遊推銷是指與旅遊者交流，促使他們購買旅遊文化企業的旅遊產品的各種活動。文化旅遊產品的推銷過程要顧及以下幾個環節：

推 銷 過 程 要 顧 及 的 幾 個 環 節	
推銷方法 （Sales promotion method）	瞭解旅遊者的需求，採取相對的推銷宣傳方法。透過各種資訊載體為旅遊者提供高品質的資訊資料，激發旅遊者的文化旅遊的動機。
開發調查 （Development investigation）	對旅遊者購買前的活動進行調研，採取相對的推銷措施。推銷力量要能夠從產品的複雜性中引導旅遊者，確保重點在產品功能和目標市場的旅遊需求及消費習慣的相容性上，影響或引導旅遊者對文化旅遊產品的評價和購買決策。

模擬體驗 （Simulation experience）	確保購買活動的順利實現，允許旅遊者透過減少風險的方法來檢驗甚至嘗試新產品。現代多媒體技術為這一購買環節提供可能，提供完整的或訂製的文化旅遊產品，滿足旅遊者的文化旅遊消費需求。
售後服務 （Post-sale service）	售後服務在文化旅遊產品的市場行銷中承擔著最為重要的任務，文化旅遊產品的品質、形成和聲譽，旅遊者的購後評價，絕大部分取決於這一環節。

B、改變旅遊者態度（Attitude）的策略

文化旅遊者的態度是多維度的，包括情感、認知和意向。態度是一個習得的過程，它體現一個人對某一事物以一種持久的喜歡或不喜歡的方式發生反應的傾向。從文化功能的角度看，態度具有做為工具、自我防禦、價值表達和知識四種有意義的用處。這個模式對推銷人員的用處在於，它在設計改變旅遊者態度的策略時有幫助。

改變旅遊者態度的策略通常有四種：

改 變 旅 遊 者 態 度 的 策 略	
增加一個新的顯著信念	如：具有文化表演項目的旅遊景點，在推銷宣傳時應該包含文化旅遊者的情感期待資訊 —— 愉悅的、浪漫的、神秘的等。
改變顯著信念的強度	如果信念是負面的，可以使它打折扣或降低；如果是正面的，可以使它更重要。如：民族風情文化旅遊景點就應該特別注意告訴文化旅遊者：景點的民族風情表演內容出自某一民族、某一節日或文化場景，所有的表演者全部是來自民族地區的「土著」。

改變對已有信念的評價	如果旅遊者對文化旅遊景點的價格水準評價低，即旅遊者並不真正要求獲得廉價的文化旅遊節目，景點可以透過指出文化旅遊者的「加入」使文化旅遊產品得以形成和具備高質低價的特徵，或者真正的文化體驗並不是靠多花錢而獲得的。
使得已有的信念更重要	如：旅遊者如果認為在文化旅遊推銷過程中旅遊服務人員的良好服務品質、友好不是最重要的，在文化旅遊推銷時則可以強調，如果旅遊服務人員所提供的相關服務令人愉快，那麼旅遊者在旅遊活動中所得到的文化享受將會大有不同，進而強化關於服務品質的正向資訊。

2. 文化旅遊產品的市場促銷

　　促銷是指暫時增加產品的銷售，是文化旅遊市場行銷的一個外在形式。促銷是從產品出發，考慮的是盡可能增加產品的銷售量。促銷活動的意義在於使旅遊文化企業行銷計畫得以正常實施，加快旅遊文化企業與旅遊市場的資訊往來，加快旅遊產品的銷售和不斷創新，促進旅遊文化企業管理和服務水準的提高，加強旅遊文化企業的市場競爭能力。可以說，促銷是旅遊文化企業行銷計畫的「催化劑」。

文 化 旅 遊 產 品 的 市 場 促 銷	
促銷方式 （Promotion way）	1. 請進來。如：邀請記者進行訪問旅行，邀請旅行商進行體驗旅行和實行旅行代理人培訓計畫等。 2. 走出去。如：設立旅遊辦事處、參加旅遊展銷會、舉辦巡迴旅遊促銷等等。
促銷的長期性 （Promotion long-term characteristic）	在產品接納過程的開始，有效促銷的作用是顯而易見的。但就文化旅遊產品的銷售而言，一個好的促銷可在產品生命週期的每一階段使用。

針對區隔市場 （In view of subdivides the market）	針對區隔市場的文化旅遊促銷通常有三種選擇： 1. 集中銷售：單個區隔市場或極少個區隔市場。 2. 分化銷售：集中於兩個或更多的區隔市場，為每一個區隔市場提供有區別的銷售組合。 3. 無區別銷售：是指使用「機關槍」策略。 採用哪一種策略取決於下列因素：旅遊文化企業的資源、旅遊產品的特點和優點、旅遊市場區隔的特徵。
發佈資訊 （Issues the information）	文化旅遊市場促銷的關鍵是將文化旅遊者與文化旅遊產品聯繫起來，聯繫的通道就是重視各種形式的旅遊促銷和旅遊資訊發佈。
網路促銷 （Network promotion）	文化旅遊的網上促銷是透過網站推廣來實現的。進行網站推廣是吸引更多的點閱率和增加潛在旅遊者數量的重要方法，也是走向國際市場的必經之路。

第四節　異軍突起的旅遊演藝市場

　　隨著世界經濟一體化程度的不斷加深，旅遊業也在持續不斷地升溫，同時也帶動旅遊演藝產品市場的快速發展，形成旅遊業與演藝業有機結合、優勢互補、良性互動的發展態勢。如今，旅遊觀光業與演藝業聯手打造的新興的旅遊演藝市場，呈現著一派蓬勃發展的趨勢，成為備受青睞的新景觀。

一、旅遊演藝市場的三種營運模式

旅 遊 演 藝 市 場 的 三 種 運 營 模 式
1. 以旅遊地點的山水實景為依據，實地設置露天場景打造實景演藝產品。
2. 以著名旅遊中心區為依據，結合當地旅遊特色打造「特色演出」精品。
3. 結合當地文化特色，尋求合作夥伴，實行優勢互補，打造複合型旅遊演藝產品。

二、旅遊演藝產品市場競爭力的構成特點

旅 遊 演 藝 產 品 市 場 競 爭 力 的 構 成 特 點
1. 努力實現演藝產品的自然與人文有機結合的特徵。
2. 實現演藝產品的精品化與規模化的和諧統一。
3. 駐場式演出方式與巡演式演出方式相互依存。
4. 節目要不斷創新，不斷吸收新演員、新面孔和新型態。
5. 投資要多元化，與合作方實現利益風險共擔。

　　旅遊演藝市場的興旺發展，也豐富旅遊的形式和內容，促進旅遊市場的長效發展，大大增強旅遊產品的文化魅力和精神蘊涵，有效地吸引各地遊人的目光、保障文化旅遊業的可持續發展。

第十七章　會展市場

　　會展包括會議和展覽兩方面的內容。會展業是一個帶有服務性質的新興行業，它影響廣泛，關聯度高。會展經濟正在逐步成長為社會經濟新的增長點，而且發展潛力巨大。會展業的重要性日益在工、農、商貿等諸多產業中表現出來，它對產業結構優化、市場拓展、刺激消費、加強溝通合作、加大產品出口力度、促進經濟持續高速健康發展起到積極的推動作用，在城市精神文明建設、構建和諧社會方面顯示其獨特的地位和作用。

　　許多大型會議在提升城市形象、溝通經濟資訊等方面具有展覽會無法替代的作用，會議和展覽會有機結合已經成為國際展覽業發展的必然趨勢。隨著資訊技術的發展，開展網路行銷將是未來每家會展文化企業的必然選擇。

第一節　會展行銷要義

　　舉辦國際性的會議或展覽會（exhibition），如：聯合國會議（UN Conference）、奧運會（The Olympics）、世博會（World Exposition）等，不僅能給城市帶來巨大的直接經濟效益，在提升城市形象、促進城市建設、促進相關產業發展等方面也有著極大的作用。

一、會展行銷的概念及體系

會 展 行 銷 的 概 念 及 體 系	
會議 （meeting）	會議是人們為了解決某個共同的問題或出於不同的目的聚集在一起進行討論交流的活動，它往往伴隨著一定規模的人員流動和消費。

展覽會 （exhibition）	展覽會是一種具有一定規模和相對固定的舉辦日期，以展示組織形象或以產品為主要形式，以促成參展商和貿易觀眾之間的交流洽談為最終目的的仲介性活動。
會展業 （exhibition industry）	是指現代城市以必要的會展文化企業和會展場館為核心，以完善的基礎設施和配套服務為支援，透過舉辦各種形式的會議或展覽活動，吸引大批與會人員、參展商、貿易商及通常公眾前來進行經貿洽談、文化交流或旅遊觀光，以此帶動城市相關產業發展的一種綜合性產業。
會展文化企業 （exhibition corporation）	會展文化企業是多種類型文化企業的綜合，其主體是會議或展覽會的組織者及舉辦場地，即會議策劃／服務公司和展覽公司，以及會議中心、展覽場館等；周邊服務文化企業主要有展示品運輸公司、廣告公司、展示台設計與搭建公司等。
會展旅遊 （MICE Tourism）	會展旅遊是旅遊業結合會展活動特點衍生出來的一種旅遊產品形式，它不包括酒店、航空等部門對會展活動的基本接待服務。

　　由於會展行銷牽涉多個利益主體，每個利益主體就是一種行銷主體，因而內容十分龐雜。根據會議或展覽會的運行規律，可對會展活動中的行銷關係做如下歸納：

會 展 活 動 中 的 行 銷 關 係			
行銷主體	行銷對象	行銷的主要內容	行銷目的
會展城市 （exhibition city）	會議或展覽會的組織者	優越的辦會場環境	吸引更多、更高檔次的會議或展覽會在本城市舉辦
會議策劃／服務公司	會議主辦方	大力宣傳自己非凡的會議策劃和組織能力	爭取更多的會議業務

展覽公司 （exhibition company）	政府、參展商、專業觀眾	強調展覽會對當地經濟的促進作用；突出展覽會能給參展商或專業觀眾帶來的獨特利益	爭取政府的積極支持，吸引更多的參展商和專業觀眾，塑造展覽會品牌
會議中心 （exhibition Central）	會議公司、專業會議組織者（PCO）	完善的會議設施和優良的配套服務	吸引更多、更高檔次的會議在本中心舉辦
展覽場館與會者	展覽會的主辦者、會議主辦者、其他與會者	功能完善的場館、先進的管理和優質的服務組織或個人的思想、技術等	吸引更多的展覽會讓公眾理解所在組織的想法
參展商 （Exhibitors）	專業觀眾	新產品、新技術、新服務等	吸引更多的專業觀眾，加強交流、促進銷售
相關媒體	會展文化企業、參展商	媒體在會展活動中的橋樑作用	提高媒體知名度

二、會展行銷的功能與特點

　　會展活動的關聯性和會展行銷主體的多樣化，決定會展行銷勢必具有多元的功能和鮮明的特點。

1. 會展行銷的功能

　　在會展行銷活動中，對於會展城市、會展文化企業等不同的利益主體，行銷的對象不同，行銷所表現出來的功能也有所差異。

會 展 行 銷 的 功 能	
會展城市	城市舉辦會展活動考慮更多的是社會效應，經濟效益與展覽會的高品質相較是次要的。這客觀決定城市做為一種會展行銷主體，其行銷的目的與方式將與會展文化企業或產品的行銷存在很大的差異。
會展文化企業	人們通常認為會展文化企業主要包括三類，即會展場館、服務公司或展覽公司，以及展示公司。每種文化企業的行銷活動所表現出來的功能也有所不同，因為，會展活動是一個整合資源的過程，從主題的確定、時間及場地的選擇到日後的宣傳推廣，無不影響著一次會議或展覽會的成功。
與會者／參展商	從狹義上講，參展商無疑是展覽會的主角，其數量、級別、展示位面積及參展效果是判斷一個展覽會成功與否的重要標準。文化企業參展的實質是選擇展會做為一種宣傳、公關、銷售的方法來實現其樹立文化企業形象、展示新產品乃至達到銷售產品的目的。
專業觀眾	做為參展商的供需關係對象，專業觀眾同樣面臨著行銷推廣的問題。專業買家也要透過適當的途徑和行銷方法，讓更多的展覽會主辦者認清自己，讓參展商關心自己的需求，進而更好地實現參展目的。

2. 會展行銷的特點

　　會展產品是一種帶有服務性質的產品，具有典型的無形性和綜合性，這就決定在會展行銷的過程中必須要對資源進行綜合利用。

會 展 行 銷 的 特 點	
整體性的行銷內容	舉辦展覽會的具體地點和舉辦時間、主題及內容等，都是各個參展商和眾多專業觀眾最為關心的，任何一環都必須充分重視，儘量做到完美。要對行銷內容進行整體性考量和優化。
參與性的行銷對象	在會展活動開始後，參展商和觀眾的參與性都很強，主辦者必須設計互動節目，以提高參展商和觀眾的滿意度。

多樣性的行銷方法	因為會展行銷的主題比較複雜，內容也很廣泛，因此展覽會需要綜合利用各種方法來開展行銷宣傳，把大量的展覽會資訊最快、最大範圍和最直接地傳遞給大眾。
綜合性的行銷主體	展會可能涉及到眾多的組織和文化企業，展覽會中各個主體都要為各自的目的開展相對的行銷活動，個別較複雜的活動必須由專門的專案小組去策劃實施。

第二節　會展行銷的趨勢

　　根據產品生命週期理論，在發達國家處於成熟期的產業有向發展中國家轉移的傾向。從國際經濟格局和產業發展潛力的角度來看，發展中國家的會展業前景一片廣闊。

一、會展業的發展趨勢（Development Trend）

　　展覽活動起源於人類社會早期的祭祀活動，主要以祭祀品為展覽內容。隨著時代的發展，逐步出現宗教藝術展，以致發展到後來的古代物品交易市集、廟會上的商品陳列展銷。

　　世界近代展覽階段為西元17世紀至19世紀，世界會展業開始產生並逐步發展。期間歐洲的展覽會發生革命性的改變，出現純粹展示性質的藝術展和純粹宣傳性質的國家工業展。其中英國在1851年舉辦的「萬國工業博覽會」（The Great Exhibition of Industry of All Nations）可稱是世界展覽會歷史上的里程碑。

　　世界現代展覽階段以貿易展覽會和博覽會的出現為代表，主要目的就是促進

產品的流通，其標誌是德國於1894年舉辦的萊比錫樣品博覽會。

世界會展業發展到今天，已近兩三百年的歷史。如今，世界會展業正在經歷著再次的歷史性變革，分析而言，會展業的發展將呈現以下八大趨勢：

會展業的發展趨勢	
全球化發展趨勢	全球經濟一體化的迅速發展不可阻擋，國際性會展的發展也因此愈來愈快，地區公司可以透過國際會展把產品快速銷往世界各地，跨國公司則透過國際性會展快速擴大銷售範圍。
網路資訊化趨勢	隨著網路的全球化普及。充分利用網際網路的便捷和優勢，是推動會展業國際化發展最省錢和最快速的途徑，進行網路行銷和舉辦網上展覽會也開始不斷出現。
集團化發展趨勢	這是隨著市場競爭的加劇而產生的一種文化企業經營戰略。集團化可以使會展文化企業之間實現優勢互補，進而實現會展業的國際競爭力。 海外的展覽會擴張形式主要有：設立跨國辦事機構、移植成功的品牌展覽會、與當地展覽會公司合作主辦展覽、投資興建展覽館等四種形式。
品牌化趨勢	會展產業發展的重要方法就是進行品牌經營。 世界上會展業比較發達的國家的展會企業，都擁有自己獨特的品牌展覽會和會展名稱。如：德國慕尼克，每年都要舉辦40多個重要的國際展覽會，其中半數以上是行業權威展覽會，高檔次的展覽會為當地贏得大批來自世界各地的參展商，也增加了旅遊收入。
專業化隊伍	專業的，才是優秀的。專業化可以提高品質、突出個性，可以拓展規模、形成品牌。 1.實現展覽會內容上的專業化和專題化。 2.實現場館功能上的針對性和特色化。 3.實現活動組織上的專業化和高效化。

創新化發展	21世紀是追求個性與創新的世紀，如果一種事物不能經常創新和發展，就必然在競爭中被淘汰。
環境生態化趨勢	保持生態環境是可持續發展的根本保障，也是21世紀最熱門的話題。生態化是任何一項經濟產業持續健康發展的前提，是長期效益、社會效益和生態效益的統一。
多元化發展趨勢	全球性會展正在朝多元化的方向快速發展，多元化包括：產品類型上的多行業化、活動內容和活動形式上的多樣化和經營領域和行業上的多元化。

二、會議行銷策略

　　大型會議在提升城市形象、溝通經濟資訊等方面具有展覽會無法替代的作用，更何況會議和展覽會有機結合已成為國際展覽業發展的必然趨勢。因此，這裡主要討論有關會議行銷的內容。

會 議 行 銷 策 略	
會議的目標市場定位	1. 會議的類型豐富多樣，不同的會議具有風格迥異的特徵，對會議設施、會議公司即會議的承辦方的服務水準及行銷努力等提出的要求也相差甚遠。 2. 會議業的市場競爭愈來愈激烈，客觀上要求每家會議公司都應該有明確的市場定位。
會議行銷組織的建立	合理的組織結構有利於會議行銷人員的協調與合作。會議行銷組織的主要目標在於：對變化的市場需求做出快速反應；使行銷活動的效率最優化；代表並維護客戶利益。
會議宣傳資料的設計與製作	行銷人員在親自設計或者選擇宣傳資料的風格及具體內容時，都應遵循一個基本原理：首先要弄清楚宣傳資料的觀眾是誰，他們想瞭解會議的什麼資訊，然後再決定採取什麼風格和突出什麼內容。

會議行銷的主要方法	1. 直接郵寄（direct-mail） 2. 電話行銷（telemarketing） 3. 廣告宣傳（advertising） 4. 網路促銷（online promotion） 5. 公共關係（pubhc relationships） 6. 媒體策略（media strategy） 7. 綜合法則（Comprehensive strategies）

第三節 虛擬會展行銷和實體會展行銷結合趨勢

虛擬會展行銷（Virtual Exhibition）就是利用虛擬的網路空間進行會展行銷活動，與傳統的會展行銷模式相比，網路行銷具有很大的優勢：

網 路 行 銷 具 有 的 優 勢
1. 網路行銷不受時空限制，處理的是「真實時間」，透過網路行銷，參展商和觀眾可以獲得最新資訊。
2. 網路行銷的範圍具有全球性，客戶只要能上網就可以在任何地方隨時查閱展覽會的相關資訊。
3. 網路行銷具有交互性。
4. 客戶可以透過網路及時地反映自己的參展資訊，預定展示位；主辦公司根據客戶的要求做出反應。
5. 網站內容的更新可以保證消費者對網站的再次訪問；
6. 可以大幅度降低行銷成本，降低或取消設計、印刷、傳真、直接郵寄等方面的成本。
7. 增強主辦機構和參展企業的協作關係。

正是基於以上優勢，網路行銷正成為未來會展行銷的重要發展趨勢。

一、會展網路行銷的功能

網 路 行 銷 的 主 要 功 能	
搜尋資訊	網際網路的最突出功能就是資訊搜尋。會展企業可以使用各種搜尋方法，積極地、有效的獲取大量資訊和商機，對商家提供的產品和服務進行價格、品質、服務等方面的比較，瞭解客戶情況獲取主要目標顧客的消費需求。瞭解競爭對手，制訂有針對性的競爭戰略。
發佈資訊	在網際網路上發佈資訊有著方便、快捷、大覆蓋面、低成本等特點。可以把資訊發佈到全球，可以快速營造資訊的轟動效應，並且能夠互動地實施資訊跟蹤，獲得資訊的快速回饋，實現會展企業與觀眾、參展商、協辦單位之間的即時交流和溝通。
調查商情	會展企業可以運用線上問答和電子詢問調查表等方式獲得商情，可以動態的生成線上資料表，為分析報告、趨勢分析圖示和綜合調查報告提供最直接和及時的資料，進而擴大調研範圍和調研效率，獲得最快速和最準確的資料分析和市場判斷。
開拓銷售通路	行銷人員能夠透過網路發佈方式展開資訊發佈和廣告宣傳，網路宣傳能夠實現形、聲、圖、文於一體的多媒體形式，具有強大的感染力和滲透力，並可以與目標顧客互動的有效方式進行交流和溝通，進而更快的疏通銷售通路，更大範圍的開拓新市場。
擴展和延伸品牌價值	行銷管理者可以透過網路宣傳品牌，透過與目標顧客的直接溝通來實現品牌的最大價值，透過互動與個性化服務實現品牌的拓展和延伸。 事實證明：網路商業需要誠信，因此網友們更加信賴品牌，所以網際網路更有利於重塑品牌形象，進而提升會展企業的品牌核心競爭力。
特色服務與互動	參展商和觀眾可以透過網路獲得最快速的FAQ（常見問題解答），也可以透過郵件列表、聊天室等即時資訊服務，也可以獲得線上直接訂購、交款和消費等，並可以實現個性化服務。

管理客戶關係	透過網路軟體管理系統，可以把客戶資訊資源、市場訊息、競爭對手資訊、客戶服務、公司決策等集於一體，將原本各自為政的市場行銷、售前售後服務等與公司計畫互相協調起來，既可以跟蹤客戶意見和訂單數量，又可以避免銷售上存在的隔閡，幫助企業快速調整行銷策略，全面提升會展企業的競爭能力。

二、網路軟體（Network software）在會展行銷中的應用

目前，許多會展企業還沒有真正開展網路行銷，原因主要是由於資金、網路行銷人員、網路行銷技術的缺乏。隨著網際網路應用範圍的擴展以及會展業的進一步發展，網路行銷必將得到更為廣泛的應用。會展企業應用網路軟體主要包括報名、住宿安排、旅行、選址和RFP工具、預算和綜合成本、展會推銷六個方面。

會 展 企 業 應 用 網 路 軟 體 的 六 個 方 面	
報名登記	參展商可以在網上瀏覽展覽會的安排，在網上直接填寫申請表、提出特別要求、繳納訂金等。 企業可以自動統計出參展商的情況，實現財務自動監控和交易。 運用網上報名資料庫能將所有參展資料彙總在一起，使企業擁有一個不斷擴大和不斷更新的資料庫，為下一次展覽會累積客戶資源。
住宿與旅行安排	網路軟體諮詢服務系統可以引導客戶在網上預訂飯店和可能的觀光旅遊服務。行銷人員可以透過網上預訂工具和報名資料結合起來進行客戶接待與安排，並能夠對客戶的需求變化做出及時調整。 對部分參展商和觀眾的旅行需求，會展企業可以透過預訂旅行方面的服務，及時與旅行社溝通來快速實現。
選址和RFP工具	很多飯店有團體預定的打折資訊，網路上的RFP（Risk Free Profit business package）工具為參加小型會議及時預訂房間和會議地點提供相關服務內容。顧客可以線上輸入具體要求，瞭解服務價格的詳細情況，並能夠實現立即預訂服務。

預算和綜合成本	網上預算工具可以使會展公司快速計算展覽會的整體支出情況。網上預算工具可以幫助會展公司掌握預算和實際成本的詳細情況，一些複雜的預算工具還能夠實現會展管理、監督和及時調整。
展覽會推銷	網路軟體還能夠發佈和宣傳展覽會給參展商和觀眾帶來的實際利益，以鼓勵更多的廠商或個人來參展。參展商還可以瀏覽展覽位的具體價位和安排，觀眾也可以提前瀏覽各參展商的展示品清單和參展時間，並且瞭解會展公司的整體佈展計畫和詳細安排。

三、舉辦展會的網路行銷方法

會展公司舉辦展會的網路行銷方法主要有以下四種：

四 種 網 路 會 展 行 銷 方 法	
利用VIRAL方式行銷（病毒式行銷）	透過VIRAL行銷可以快速有效地把會展資訊推向參展商和觀眾。 具體步驟是： 1. 根據郵件資料庫向客戶和準客戶自動群發郵件。 2. 向他們解釋發郵件給他們的原因，並為這種「打擾」請求諒解。 3. 希望他們將該郵件轉發給他所認識的所有可能對此次展覽會感興趣的熟人、朋友和同事。 4. 群發的郵件中還要包括會展公司發佈詳細情況的網站連結。
購買電子郵件地址資料庫行銷	從經紀人或者直接從擁有資料庫的公司購買電子郵件資料庫地址。但是，展覽會行銷人員需要注意：這些公司的資料出讓行為要事先徵得其訂戶或會員的許可，是否得到顧客的事先授權，以避免法律上的糾紛和客戶的不滿。
網站交換連結（Exchange Links）行銷	會展公司可以聯絡相關網站，與哪些與展覽會有直接或間接關係的公司、個人網站交換連結，還可以與贊助商進行連結交換。連結的網站越多越好，可以最大限度的起到宣傳作用。

四、網路行銷成功與否的衡量

在衡量展覽會網路行銷是否成功之前，展覽會的行銷管理者首先要決定從哪些方面來衡量，這一點取決於最初的動機和目標。還可以從常規和創造性兩方面來衡量。

1. 從常規方面衡量的主要問題是：這種方法是否適用於自己的會展公司，是否給會展公司帶來更多的點閱率。

2. 從創造性方面衡量的主要問題是：實際發送的廣告或電子資訊對目標視聽群眾是否很適用。

會展公司衡量網路行銷是否成功時，主要從以下幾個方面來衡量：點閱率、產生的關注數量、關注轉化為參展或參觀的數量、實際的展示位和參觀票銷售狀況、預期的重複消費的數量。

會展公司利用網路行銷具有很多優勢，但是需要注意的是：在使用電子郵件進行市場行銷時，要確保每一次和每一封郵件都得到及時的回覆，即使是對潛在消費者的回覆也不能被忽略或延遲。

附錄：參考文獻

中文參考文獻

《文化政策》，蔣淑貞、馮建三／譯，國立編譯館與巨流圖書公司，2007年。

《文化行政與藝術管理》，鄭美華著，洪葉文化事業有限公司，2004年

《文化機構與藝術組織》，夏學理、劉美芝、劉佳琦、沈中元、黃淑晶／著，五南圖書出版股份有限公司，2005年。

《文化創業產業》，王怡芳主編，行政院文化建設委員會，2004年。

《文化資產執行手冊》，蘇忠／策劃，行政院文化建設委員會，2006年。

《文化產業管理概論》，李向民、王晨、成喬明／著，書海出版社，山西人民出版社。

《文化產業》，David Hesmondhalgh，廖佩君譯，韋伯文化國際出版公司，2006年。

《文化產業學》，胡惠林，上海文藝出版社，2006年。

《文化產業發展論》，丹增／著，人民出版社，2005年。

《文化產業概論》，胡惠林／著，雲南大學出版社，2005年。

《文化產業理論與實踐》，孫安民／著，北京出版社，2005年。

《文化產業發展戰略研究》，朱建綱／著，湖南教育出版社，2006年。

《文化產業理論與實踐》，孫安民／著，北京出版社，2004年。

《文化產業競爭力》，廣東人民出版社，2005年。

《文化產業：變革中的文化》，李向民、王晨等著，經濟科學出版社，2005年。

《文化市場概論》，趙玉忠／著，中國時代經濟出版社，2004年。

《文化市場學》，劉玉珠、柳士法／著，上海文藝出版社，2003年。

《文化事業》，文化事業‧創業及管理研討會論文集（第二屆），南華大學出版事業管理研究所，2006年。

《文化是個好生意》，馮久玲／著，城邦文化事業股份股份有限公司，2002年。

《文化發展與國際大都市建設》，尹繼左／著，上海社會科學出版社，2002年。

《文化產業發展與文化市場管理》，朱希祥／著，華東師範大學出版社，2003年。

《文化市場行銷學》，李康化/著，書海出版社，山西人民出版社，2006年。

《文化市場與行銷》，方光明/著，上海人民出版社，2003年。

《2001、2002、2003、2004中國文化產業發展報告》，江藍生、謝繩武主編，社會科學文獻出版社。

《傳播媒體巨頭默克多的市場行銷戰略》，夏君玉/著，新華出版社，2002年。

《雄霸全球的美國文化產業》，李玉然/著，經濟出版社，1999年。

《完全創業聖經》，劉孟華/譯，臉譜出版，城邦文化事業股份有限公司，2005。

《網路行銷-----電子商務實務》，榮泰生/著，五南圖書股份有限公司，2005年。

《整合行銷傳播》，戴國良/著，五南圖書股份有限公司，2005年。

《經營策略企劃全書》，戴國良/著，商周出版，2004年。

《企業文化獲利報告》，大衛‧麥斯特/著，經濟新潮社，2003。

《新行銷負責人人戰略》，布瑞德‧李‧湯普生/著，美商麥格羅‧希爾國際股份有限公司，1999年。

《中國各地商人性格特徵調查報告》，陳冠任/著，遠方人民出版社，2003年。

《文化心理學的探索》，楊國樞/主編，桂冠圖書股份有限公司，1996年。

《文化消費與日常生活》，張君玫/譯，巨流圖書有限公司，2005年。

《教育產業化的理論與實踐》，王麗婭/著，中國經濟出版社，2002年。

《產業界面上的文化之舞》，花健/著，上海人民出版社，2002年。

《文化與全球化的反思》，鄧啟元、陳慧慈/譯，韋伯文化國際出版有限公司，2007年。

《全球化與文化研究》，王甯/著，揚智文化事業股份有限公司，2003年。

《全球化與兩岸統合》，張亞中/著，聯經出版事業股份有限公司，2003年。

《全球化與知識經濟時代的經濟學》，宗丙洛/著，商務印書館，2003年。

《多元文化主義與全球社會》，陳宗盈、連詠心/譯，韋伯文化國際出版有限公司，2007年。

《細說文化研究基礎》，邱志勇、許羅芸/譯，韋伯文化國際出版有限公司，2008年。

《文化理論面貌導論》，林宗德/譯，韋伯文化國際出版有限公司，2008年。

《法蘭克福學派史》馬丁‧傑伊，中譯本，廣東人民出版社，1996年。

《文化研究在臺灣》，陳光與/著，巨流圖書有限公司，2005年。

《文化研究智典》，許羅芸/譯，韋伯文化國際出版有限公司，2007年。

《智慧之路》，雅斯培/著，志文出版社。

《禪的智慧VS現代管理》，蕭武桐/著，佛光出版社，1993年。

《思考的技術》，劉錦秀、謝育容/著，城邦文化事業股份有限公司，2005年。

《文化創義產業的思考技術》，蘇拾平/著，如果出版社，大雁文化事業股份有限公司，2007年。

《英國文化研究導論》，格雷默‧特納/著，倫敦和紐約：勞特里奇出版社，1996年。

《外國文化管理綜覽》，范中匯/著，文化藝術出版社，2002年。

《教您如何做文化及媒體研究》，趙偉奴/譯，韋伯文化國際出版有限公司，2008年。

《人類傳播史》遊梓翔、吳韻儀/譯，遠流出版事業股份有限公司，1994年。

《傳播模式》（第二版），鄧尼斯‧麥魁爾、史文‧溫連爾/著，正中書局，1996年。

《影視傳播與大眾文化》，蔡尚偉/著，四川大學出版社，2005年。

《傳播媒體與資訊社會----重要問題與解答》，蔡念中/譯，亞太圖書出版社，1998年。

《傳播媒體的變貌》，東正德/譯，遠流出版事業股份有限公司，1991年。

《電視藝術文化學》，趙鳳翔、吳煒華、薛華/著，中國廣播電視出版社，2002年。

《當代中國電視文化格局》，隋岩/著，北京大學出版社，群言出版社，2004年。

《海外華文傳播媒體研究》，程曼麗/著，新華出版社，2001年。

《香港內地傳播媒體比較》，鍾大年/著，北京廣播學院出版社，2002年。

《影視文化學》，陳默/著，北京廣播學院出版社，2001年。

《圖書出版的藝術與實務》，彭送建、趙學範/譯，周知文化事業股份有限公司，1995年。

《世界遺產基礎知識》，古田陽久/著，中華民國文化臺灣發展協會，行政院文化建設委員會。

《品牌傳播學》，余明陽、朱紀達、肖俊崧/著，上海交通大學出版社，2005年。

《跨文化管理》，路易士、巴爾索克斯/著，經濟管理出版社，2002年。

《創意有方----水準思考談管理》，愛德華‧狄波諾/著，天下遠見出版股份有限公司，

1998年。
《庫存管理》，黃彥達/譯，藍鯨出版有限公司，2003年。
《物流管理》，張有恆/著，華泰文化事業股份有限公司，1998年。
《管理一定有辦法》，（美）愛德華茲‧麥克，李曉春譯，地震出版社，2002年。

英文參考文獻

Dorothy Leonard & Walter Swap, 1999, 《When Spark Fly:Igniting Creativity in Groups》,Harvard Business School Press.

Quelch,J.A. (1996),「The Internet and international marketing,」Sloan Management Review,Vol.37,Iss.3,pp.60-76.

Kotler,P. (2000),Marketing management,10th Ed.,Pearson Education,New Jersey.

Anderson k. (2003),Handbook of Cultural Geography,London:Sage.

Florida,R. (2004b).Cities and the Creative Class.New York:Routledge Published.

網路參考文獻

文化創意產業專屬網站 http://www.cci.org.tw/portal/index.asp
學學文創志業 http://www.xuexue.tw/
文化產業網 http://www.culture.org.cn/
中廣新聞網 http://www.bcc.com.tw/
自由電子報 http://www.libertytimes.com.tw/2005/ncw/aug/20/life/art-3.htm
霹靂網 http://pili.com.tw/
中國文化創意產業網 http://www.zhongbangcaifu.com/
中國文化產業網（文鵬網）http://www.cnci.gov.cn/
華文線上 http://www.chinesezj.com/

國家圖書館出版品預行編目資料

文化產業的行銷與管理／李錫東著.
－－第一版－－ 台北市：宇河文化出版；
紅螞蟻圖書發行，2009.07
面　　公分－－(文化與創意；2)
ISBN 978-957-659-711-4 (平裝)

1.文化產業 2.行銷管理 3.行銷策略 4.行銷通路
541.29　　　　　　　　　　　98005221

文化與創意　2

文化產業的行銷與管理

作　　　者／李錫東
美術構成／引子設計
校　　　對／周英膠、朱慧蒨、李錫東
發 行 人／賴秀珍
總 編 輯／何南輝
出　　　版／宇河文化出版有限公司
發　　　行／紅螞蟻圖書有限公司
地　　　址／台北市內湖區舊宗路二段121巷19號（紅螞蟻資訊大樓）
網　　　站／www.e-redant.com
郵撥帳號／1604621-1　紅螞蟻圖書有限公司
電　　　話／(02)2795-3656（代表號）
傳　　　真／(02)2795-4100
登 記 證／局版北市業字第1446號
數位閱聽／www.onlinebook.com
法律顧問／許晏賓律師
印 刷 廠／卡樂彩色製版印刷有限公司
出版日期／2009年 7 月　第一版第一刷
　　　　　2013年 2 月　　　第二刷
定價 300 元　港幣 100 元

ISBN 978-957-659-711-4　　　　　　Printed in Taiwan